*Les voies de l'acteur*
collection dirigée
par Patrick Pezin

L'acteur et la cible
*Règles et outils pour le jeu*

MAX MILO
&

L' ENTRETEMPS
*éditions*

Declan Donnellan

# L'acteur et la cible
*Règles et outils pour le jeu*

en 19 chapitres, avec 6 principes fondamentaux,
7 choix difficiles et 4 digressions incontournables

Traduit de l'anglais
par Adélaïde Pralon

Pour la version française
© L'Entretemps — Paris — 2018
ISBN : 978-2-315-00874-2

*Pour Nick*

« Nous déblayâmes fébrilement le reste des gravats qui encombraient encore le passage jusqu'à ce que nous n'ayons plus devant nous que la porte scellée toute propre. Après quelques notes préliminaires, nous perçâmes une minuscule ouverture dans le coin supérieur gauche pour voir ce qu'il y avait de l'autre côté. L'obscurité et la tige en fer glissée dans l'ouverture nous apprirent que l'espace était vide. Peut-être encore un escalier qui descendait, comme sur les plans habituels des tombeaux thébains royaux ? Ou bien une salle ? On alla chercher des bougies – révélatrices indispensables des émanations dangereuses quand on pénètre dans une excavation souterraine ancienne – j'élargis la brèche et à la lumière de la bougie, je sondai l'intérieur pendant que Lord C., Lady E., Callender et les reis attendaient avec impatience. Mes yeux mirent un moment à s'habituer à l'obscurité ; l'air chaud qui s'échappait faisait vaciller la flamme de la bougie.

Les autres étaient évidemment tenus en haleine car ils ne pouvaient voir. Puis Lord Carnarvon me dit : « Vous voyez quelque chose ? » ce à quoi je répondis : « Oui, je vois des merveilles. »

Howard Carter, 1922,
Extrait tiré de son *Journal intime*
Ashmoelan Museum, Oxford

# Note de l'auteur

Ce livre a été initialement publié en russe en 2000. Mais en 1988, Nick Hern m'avait commandé un texte et il m'appelait consciencieusement tous les six mois pour savoir où j'en étais. Douze ans plus tard, je me suis dit qu'en retravaillant le livre russe, j'allais enfin pouvoir tenir ma promesse. C'est ainsi que cet ouvrage existe, grâce à la ténacité salutaire de Nick Hern.

Au fil des années, le texte a beaucoup bougé et pour cette nouvelle édition de 2018, de nombreux termes ont été remaniés.

Les personnes envers qui je suis redevable sont trop nombreuses pour être toutes citées ici. Mais je tiens à remercier particulièrement Fiona Williams et David Delannet.

*Declan Donnellan*
*Londres, 2018*

# SOMMAIRE

# INTRODUCTION

Le jeu d'acteur est un mystère, et le théâtre aussi. Nous nous réunissons dans un espace et nous nous divisons en deux groupes, un groupe jouant des histoires pour l'autre. Il n'existe à notre connaissance aucune société où ce rituel n'ait pas lieu ; il semblerait donc que l'humanité hérite d'un besoin persistant d'assister à des représentations, du rite chamanique à la série télé.

Le théâtre n'est pas seulement un lieu concret, c'est aussi un endroit où nous rêvons ensemble ; pas seulement un bâtiment, mais un espace collectif et imaginaire. Le théâtre nous offre un cadre sûr où explorer nos extrémités dangereuses dans le confort du fantasme et la sécurité du groupe. Si toutes les salles de théâtre étaient rasées, le théâtre survivrait quand même parce que l'appétit que chacun nourrit en lui de jouer et d'assister au jeu est génétique. Cet appétit insatiable franchit même le seuil du sommeil. Car nous mettons en scène, jouons et regardons des spectacles toutes les nuits – le théâtre ne mourra pas tant que le dernier rêve n'aura pas été rêvé.

## « Je suis donc je joue. »

À la naissance, le bébé n'a pas seulement des attentes vis à vis de sa « mère » ou du « langage », il nourrit aussi l'attente du « jeu » ; l'enfant est génétiquement programmé pour recopier les comportements qu'il observe. La première représentation théâtrale que le bébé apprécie est celle où sa mère joue à apparaître et à disparaître derrière un coussin. « Là tu me vois, là tu ne me vois pas ! » Le bébé gazouille et apprend que cet événement extrêmement douloureux, la séparation d'avec sa mère, peut être évoqué et vécu avec humour, théâtralement. Le bébé apprend à rire d'une situation terrifiante parce qu'elle n'est pas réelle. Maman réapparaît et rit – cette fois, du moins. Au fil du temps, l'enfant apprend à devenir l'acteur face au parent spectateur, en jouant à faire coucou derrière le canapé, puis le jeu se développera jusqu'au « cache-cache » plus élaboré, avec plusieurs participants et même un gagnant. Manger, marcher, parler sont des facultés qui se développent grâce à l'observation, la représentation et les applaudissements. Nous développons notre conscience de nous-mêmes en répétant des rôles que nous voyons nos frères et sœurs aînées, nos amis, nos rivaux, nos professeurs, nos ennemis et nos héros jouer tous les jours. On ne peut pas apprendre aux enfants à jouer des situations parce qu'ils le font déjà naturellement – sans ça, ils ne seraient pas humains. En effet, nous vivons à travers des rôles : père, mère, professeur ou ami. Le jeu d'acteur est un réflexe, un mécanisme de développement et de survie. Cet instinct primaire est la base de ce que j'entends par « jeu d'acteur » dans ce livre. Ce n'est pas une « seconde nature », c'est une « première nature » qui ne peut donc pas être enseignée comme la chimie ou la plongée. Donc si le jeu d'acteur ne s'apprend pas, comment développer ou exercer notre capacité à jouer ?

# L'attention

Notre qualité de jeu se développe et s'exerce simplement quand nous y prêtons attention. En réalité, tout ce que nous pouvons « apprendre » au sujet du jeu d'acteur vient sous la forme de doubles négations. Par exemple, nous pouvons apprendre à ne pas bloquer l'instinct naturel du jeu, de même que nous pouvons apprendre à ne pas bloquer l'instinct naturel de la respiration. Bien sûr, nous pouvons apprendre une multitude de variantes stylisées de nos réflexes naturels. L'acteur de nô japonais passera peut-être des années à perfectionner un geste unique comme la ballerine suera pendant des années pour accomplir des prouesses de contrôle musculaire. Mais toute la virtuosité du maître nô ne servira à rien si sa technique sophistiquée ne révèle rien d'autre qu'une technique sophistiquée. Cet art hautement maîtrisé doit en quelque sorte paraître spontané. Ceux qui savent apprécier cette forme particulière savent discerner l'éclat de vivacité qui anime chaque geste ancien. La différence de qualité d'une représentation à une autre ne dépend pas seulement de la technique, mais du jaillissement de vie qui rend la technique invisible ; les années d'entraînement doivent avoir l'air de s'évaporer à la chaleur de la vie. La très grande technique a la délicatesse de disparaître et de ne récolter aucune gloire.

Même les formes d'art les plus stylisées parlent de la vie, et plus il y a de vie dans une œuvre, plus la qualité de cette œuvre est grande. La vie est mystérieuse, elle dépasse la logique, aussi le vivant ne peut-il jamais être entièrement analysé, appris ou enseigné. Mais tout ce qui semble éteindre la vie, la dissimuler ou la bloquer, n'est pas si mystérieux qu'il y paraît. Ces « choses » répondent à une logique et peuvent être analysées, isolées et éliminées. Le docteur peut expliquer pourquoi le patient est mort, jamais pourquoi il est en vie.

Donc ceci n'est pas un livre qui vous explique comment jouer ; c'est un livre qui peut vous aider quand vous vous sentez bloqué dans le jeu d'acteur.


## Deux mises en garde

Il n'est pas facile d'écrire sur le jeu d'acteur. Jouer est un art, un art qui révèle le caractère unique des choses. Un bon jeu d'acteur est toujours singulier. Mais il est difficile de parler du jeu d'acteur parce que « parler de » nous amène souvent à généraliser, or la généralisation masque le caractère unique des choses.

Il y a aussi un problème de vocabulaire. Les mots « acteur » et « jeu » sont dévalorisés. En effet, on assimile souvent la notion de « jeu » au « mensonge ». Par exemple, on dit que quelqu'un « joue la comédie » quand on pense qu'il dissimule ce qu'il est vraiment. Platon ne faisait pas de différence entre jouer la comédie et mentir et condamnait sévèrement le théâtre. Dans son *Paradoxe sur le comédien*, Diderot demande comment on peut parler de vérité dans la représentation quand, par sa nature-même, elle est un mensonge.


## Émotion et vérité

Mais nous ne pouvons jamais complètement dire la vérité sur ce que nous ressentons. En effet, plus ce que nous ressentons est fort, plus les mots qui nous viennent sont inutiles. La question « *comment ça va ?* » devient de plus en plus creuse au fur et à mesure que la relation prend de l'importance ; les mots fonctionnent assez bien pour saluer le facteur qui vient livrer un colis, mais deviennent horriblement inadaptés face à un ami atteint d'un cancer.

Il y aura toujours un fossé entre ce que nous ressentons et notre capacité à l'exprimer. Ce constat est déjà assez dur, mais le plus terrible, c'est qu'en général, plus nous voulons combler ce fossé rageant, plus il se creuse. Parfois, plus nous nous efforçons de dire la vérité, plus nous finissons par « mentir ».

Dans des situations de crises, notre incapacité à nous exprimer peut engendrer de grandes souffrances. L'adolescence peut être un véritable enfer au sein duquel nous nous sentons totalement incompris ; « le premier amour » n'est synonyme de bonheur que dans sa réminiscence nostalgique. Nous sommes hantés non seulement par la peur du rejet mais aussi par un désespoir rampant à l'idée que nous ne réussirons jamais à exprimer nos sentiments. Les émotions se déchaînent, les enjeux sont considérables : « *Personne ne comprend ce que j'éprouve. Et le pire, c'est que je m'entends débiter les mêmes clichés que tout le monde.* »

À l'adolescence, nous découvrons que plus nous voulons dire la vérité, plus nos mots mentent. Mais pour mûrir, nous devons poursuivre l'humble processus de la représentation, parce que jouer est la seule chose qu'il nous reste à faire. Jouer est ce qui nous approche le plus de la vérité. Nous jouons constamment, non pas parce que nous mentons délibérément, mais parce que nous n'avons pas le choix. Pour bien vivre, il faut être capable de bien jouer. Chaque moment de notre vie est une minuscule représentation théâtrale. Même nos moments les plus intimes ont un public, même un seul : nous-mêmes.

Nous ne savons pas qui nous sommes. Mais nous savons que nous sommes capables de jouer. Nous savons que la qualité de notre jeu varie en fonction des rôles : étudiant, professeur ami, fils, père ou amant. Nous sommes les personnes que nous jouons, mais encore faut-il bien jouer, soit avec une conscience toujours plus profonde de la « vérité » de notre jeu. Une vérité vis-à-vis de quoi ? Notre moi profond ? Les autres ? Une vérité par rapport à ce que je ressens, ce que je veux être, ce que je dois être ? Les points d'interrogation laissent entendre que les affirmations précédentes, comme celles qui suivent, ne sont pas forcément vraies, mais elles peuvent s'avérer utiles.

## Le blocage

Au lieu d'affirmer que « x » est plus doué que « y », il est plus juste de dire que « x » est moins bloqué que « y ». Le talent coule tout seul, comme le sang dans les veines. Il suffit de dissoudre le caillot.

Quand nous nous sentons bloqués, les symptômes sont étonnamment similaires, quel que soit le pays et quel que soit le contexte. Deux caractéristiques de cet état semblent particulièrement funestes : la première est que plus l'acteur essaie de forcer, de s'extraire, de s'extirper de cette impasse, plus il aggrave son cas, comme s'il écrasait son visage contre une vitre. La deuxième est que l'acteur ressent souvent un profond sentiment d'isolement. Bien sûr, le problème peut être projeté à l'extérieur ; la « faute » revient alors au texte, au partenaire, ou même aux chaussures. Mais ces deux symptômes de base reviennent sans cesse : la paralysie et l'isolement – un verrouillage intérieur et un verrouillage extérieur. Et, dans le pire des cas, un sentiment criant de solitude, l'impression angoissante d'être à la fois responsable et impuissant, indigne et furieux, trop petit, trop grand, trop prudent, trop… moi.

Quand le jeu coule tout seul, il est vivant et donc impossible à analyser. Mais les problèmes qui affectent le jeu d'acteur sont liés à la structure et au contrôle et ils peuvent être facilement repérés et vaincus.

## Autres sources de blocage

Au cours des répétitions et des représentations, de nombreux problèmes peuvent détériorer le jeu des acteurs. La salle est peut-être mal éclairée, mal aérée, dotée d'une mauvaise acoustique, trop froide. À plus forte raison, il y a peut-être des tensions dans la troupe ou une relation difficile avec le metteur en scène ou l'auteur. Des problèmes extérieurs sur lesquels l'acteur n'a aucun contrôle peuvent aussi enrayer le travail, mais les difficultés circonstancielles ne seront pas évoquées ici.

Quand les choses vont mal, nous devons distinguer ce que nous pouvons changer et ce que nous ne pouvons pas changer. Nous devons aussi diviser le problème en deux : d'un côté ce qui vient de l'extérieur, auquel nous ne pouvons pas grand-chose, voire rien du tout, et d'un autre, ce qui vient de l'intérieur, que nous pouvons apprendre progressivement à contrôler. Ce livre ne traite que de ce second versant.

Tous les problèmes graves de l'acteur sont interconnectés. Ils sont tellement interdépendants qu'ils ressemblent à un immense rocher taillé en facettes aveuglantes par un bijoutier démoniaque. Nous aurions tort de décrire le rocher en décrivant chacune de ses facettes parce que chacune n'a de sens que dans son rapport avec toutes les autres. C'est pourquoi une grande partie de ce qui est dit au début du livre n'aura pas beaucoup de sens avant la fin du texte.

## Une carte

Ce livre est comme une carte. Comme toutes les cartes, c'est un mensonge, ou plutôt, un mensonge qui essaie de raconter une histoire utile. Un plan de métro ne ressemble pas du tout à l'agencement des rues de la ville et risque d'égarer le piéton, mais il l'aidera à trouver ses correspondances. Et comme avec la plupart des cartes, il faut se familiariser avec elle avant de réussir à trouver son chemin.

Avant de poursuivre, il serait utile de revoir certains termes de base.

## Les répétitions

De manière générale, on peut diviser le travail de l'acteur en deux parties : la répétition et la représentation. De façon plus controversée, on peut diviser l'esprit humain entre le conscient et l'inconscient. Les répétitions et l'inconscient ont des points communs. Tous deux sont habituellement invisibles, mais essentiels. Ils représentent, chacun à leur manière, les quatre cinquièmes immergés de l'iceberg. D'un autre côté, comme la partie émergée de l'iceberg, la représentation et la conscience sont visibles. On peut facilement voir la partie émergée de l'iceberg, mais il faut une grande sagesse pour envisager les quatre cinquièmes masqués.

Ce livre opère cependant une division légèrement différente : ici, le travail de l'acteur sera séparé en travail visible et travail invisible. En réalité, les acteurs ont l'habitude de travailler selon cette division ; il s'agit donc en quelque sorte d'une nouvelle carte visant à clarifier un paysage existant. Commençons par quelques principes :

1. Tout le travail de recherche de l'acteur fait partie du travail invisible alors que la représentation fait partie du travail visible.

2. Le public ne doit jamais voir le travail invisible.

3. Les répétitions comprennent tout le travail invisible et des bribes du travail visible.

4. La représentation ne comprend que le travail visible.


## Les sens

La fluidité du jeu de l'acteur dépend de deux fonctions précises du corps : les sens et l'imagination.

Nous sommes complètement dépendants de nos sens. Ils sont les premières antennes qui nous permettent de percevoir le monde extérieur. Nous voyons, touchons, goûtons, sentons et entendons que nous ne sommes pas seuls. La privation des sens est une torture théâtralement faible, mais extraordinairement efficace. Plus les enjeux augmentent, plus nos sens s'affinent. L'interface entre nos corps et le monde extérieur devient plus sensible et vibrante. Nous nous souvenons exactement de l'endroit où nous avons entendu une nouvelle stupéfiante – pas étonnant par exemple que tant de gens se souviennent de l'endroit, mais aussi du moment précis où ils ont appris que le président Kennedy avait été assassiné.

Trois remarques utiles à ce sujet : Premièrement, il est dangereux de tenir ses sens pour acquis. Méditer parfois sur l'aveuglement ou toute autre déficience sensorielle peut être une leçon de vie aussi forte que la contemplation régulière de la mort. Deuxièmement, les sens de l'acteur n'absorberont jamais autant d'informations au cours de la représentation que le personnage en situation réelle. En d'autres termes, l'acteur ne verra jamais l'aspic aussi clairement que Cléopâtre. Enfin, accepter gracieusement l'inévitabilité de l'échec est une délivrance jouissive pour l'artiste. Savoir que nous n'y arriverons jamais est un excellent point de départ ; le perfectionnisme n'est que vanité. Pour laisser libre cours à son imagination, l'acteur doit accepter les limites de ses sens. L'acteur s'appuie totalement sur ses sens ; ils sont la première étape de notre communication avec le monde. La deuxième est l'imagination.

## L'imagination

L'imagination, les sens et le corps sont interdépendants. L'imagination est notre capacité à fabriquer des images. Nos imaginations font de nous des humains et elles turbinent à chaque milliseconde de nos vies. L'imagination seule peut interpréter les informations que nos sens transmettent à nos corps. C'est l'imagination qui nous permet de percevoir. En effet, rien au monde n'existe tant que nous ne le percevons pas. Notre capacité à imaginer est à la fois imparfaite et splendide, et seule notre attention peut l'améliorer.

L'imagination pourrait être péjorativement appelée « la doublure du réel » : « *Cet enfant a une imagination débordante !* » ou « *Tu t'imagines des choses !* ». Pourtant, seule l'imagination nous relie à la réalité. Sans cette capacité à fabriquer des images, nous n'aurions aucun moyen d'accéder au monde extérieur. Les sens remplissent le cerveau de sensations ; l'imagination s'efforce d'agencer ces sensations en images et de tirer du sens de ces images. Nous construisons le monde dans nos têtes, mais ce que nous percevons ne peut jamais être le monde réel ; il s'agit toujours d'une recréation imaginaire.

L'imagination n'est pas une pièce de porcelaine fragile, mais plutôt un muscle qui se développe seulement quand il est correctement utilisé. Au XVIII^ème siècle, l'imagination était considérée comme un abîme prêt à engloutir les imprudents et cette méfiance persiste. Mais murer l'imagination, en admettant que ce soit possible, reviendrait à refuser de respirer de peur d'attraper une pneumonie.

## L'obscurité

Tout ce que nous voyons du monde extérieur est fabriqué dans nos têtes. Nous ne pouvons pas développer notre imagination en la forçant à accomplir des prouesses créatives extraordinaires et intentionnelles ; nous développons notre imagination grâce à l'observation et à l'attention. Nous développons notre imagination en l'utilisant et en étant attentifs. Notre imagination s'améliore quand nous voyons simplement les choses telles elles sont. Mais ce n'est pas toujours facile de voir les choses, surtout quand il fait noir. Comment pouvons-nous éclairer l'obscurité ? En réalité, il n'y a pas d'obscurité ; il n'y a qu'une absence de lumière. Mais qui déploie cette ombre sur tout ce que je vois ? Voilà un indice. Si j'examine attentivement cette obscurité, je m'aperçois qu'elle a des contours familiers. Elle a exactement la même silhouette que… moi. Nous créons de l'obscurité en nous plaçant devant la lumière. En d'autres termes, nous ne pouvons nourrir nos imaginations qu'en nous écartant du passage ; moins nous obscurcissons le monde, plus clair nous le voyons.

# 1. « JE NE SAIS PAS CE QUE JE FAIS »

## Les pattes d'araignées

Quand ils se sentent bloqués, les acteurs emploient souvent les mêmes mots. Peu importe que ces mots soient français, finlandais ou russes ; le problème transcende le langage. Ces appels au secours peuvent être rangés sous huit titres, mais, comme nous le verrons, l'ordre n'a pas d'importance parce que ces intitulés ne sont pas plus différents que les pattes d'une même araignée.

- « Je ne sais pas ce que je fais. »
- « Je ne sais pas ce que je veux. »
- « Je ne sais pas qui je suis. »
- « Je ne sais pas où je suis. »
- « Je ne sais pas comment je dois bouger. »
- « Je ne sais pas ce que je dois ressentir. »
- « Je ne sais pas ce que je dis. »
- « Je ne sais pas ce que je joue. »

Il serait étrange de discuter séparément de chacune des pattes de l'araignée car aucune patte ne peut marcher indépendamment des sept autres.

L'imagination de l'acteur, le texte, le mouvement, la respiration, la technique et les sentiments sont fondamentalement inséparables. Bien sûr, ce serait pratique qu'il existe une progression logique, une sorte de succession d'étapes, mais non. Ces huit problèmes, différents en apparence, sont intimement liés. On ne peut pas s'occuper d'une difficulté, la résoudre et aller régler la suivante. Les dégâts se propagent sans pouvoir être cloisonnés.

Cela dit, la cause principale des problèmes de l'acteur est beaucoup plus simple que ses multiples répercussions, tout comme la bombe est plus simple que les dégâts qu'elle provoque. Mais la simplicité de cette « bombe » ne l'empêche pas d'être difficile à décrire et à isoler.

Avant de pouvoir identifier et désamorcer cette bombe, nous avons besoin d'outils. Ces outils prendront la forme de choix et de règles. Les règles devront répondre à deux critères : a) être peu nombreuses et b) être utiles. Donc a) ce livre ne fournira pas quantité de règles et b) vous ne saurez si elles sont utiles que si elles fonctionnent pour vous dans la pratique. En général, nous mettons des règles en pratique selon que nous y croyons ou que nous sommes d'accord avec elles. Mais ces règles ne prétendent pas gouverner un pays ou sauver des vies ; elles nous aident seulement à « faire semblant ». Donc que nous soyons d'accord ou non avec elles n'a pas d'importance. Elles ne sont en aucun cas des règles morales absolues ; elles fonctionnent si elles fonctionnent.

# « Je ne sais pas ce que je fais. »

C'est le mantra de l'acteur bloqué, une formule qui ouvre un piège dans lequel n'importe qui peut tomber.

Au lieu de nous intéresser au contenu de cette patte d'araignée, abordons le problème autrement et examinons sa forme. La structure de la phrase est importante. Le mot « je » est répété deux fois. Le cri de détresse sous-entend que : « *je peux / devrais / dois savoir ce que je fais ; c'est mon droit, mon devoir, de savoir ce que je fais et j'en suis actuellement privé.* » Mais cette plainte, aussi compréhensible soit-elle, passe à côté de l'essentiel. Quel est ce « quelque chose » qui, comme Trotski, a été effacé de la photo?

Ce « quelque chose »  a été relégué au second plan, renié et finalement annihilé. Dans « *Je ne sais pas ce que je fais* », le mot « je » est répété deux fois. La part d'attention que méritait cet « élément » a été récupérée par le banquier « je ». L'importance cruciale de ce personnage oublié est le sujet-même de ce livre, parce que cette omission est la source principale de la souffrance de l'acteur.

Il est vital de comprendre que les demandes du « sais » et du « je » ne peuvent être satisfaites tant que nous ne nous sommes pas occupés de cette chose sans nom. Donc, nous nous intéresserons d'abord à cette « chose », si souvent ignorée qu'elle n'a même pas encore reçu de nom.

Cette chose sans nom, je l'appellerai **LA CIBLE**.

Contrairement à l'ordre arbitraire des pattes d'araignées, ici, l'ordre temporel est absolument essentiel. La cible doit passer avant le « je » et le « sais ». Le « je » est tellement avide d'attention qu'il voudrait qu'on s'occupe de son problème en premier.

Il se précipite au devant de la queue, suivie de près par le « sais »,
et la cible se fait piétiner dans la bousculade. Cette fragilité du
« je » et du « sais » est impitoyable. Nous sommes obligés de nous
boucher les oreilles pour ne pas entendre leurs cris sinon nous ne
pourrons jamais les aider. Nous ne devons pas regarder en arrière,
même si ces deux-là sont très doués pour nous faire culpabiliser.
Quand la femme de Loth a regardé en arrière, elle a été statufiée.

# 2. La cible

## Irina

Laissez-moi vous présenter Irina, qui joue Juliette. Elle répète la scène du balcon avec son partenaire et elle a l'impression qu'elle ne sait pas ce qu'elle fait. Il lui semble injuste de se sentir coincée parce qu'elle a fait toutes les recherches préalables. Elle est intelligente, travailleuse et elle a du talent. Alors pourquoi a-t-elle l'impression d'être aussi vivante qu'une tranche de morue salée ? En réalité, plus Irina essaie d'être sincère, plus elle essaie d'exprimer des sentiments profonds, plus elle s'efforce de croire à ce qu'elle dit, plus elle se fige. Que peut-elle faire pour se dépêtrer de ce bourbier ? Eh bien, si elle n'arrive pas à avancer dans son travail, elle va peut-être devoir prendre des chemins de traverse, aborder le problème sous un autre angle et réfléchir à ce qui suit :

Si vous demandez à Irina ce qu'elle a fait hier, elle vous répondra peut-être : « *Je me suis levée, je me suis brossé les dents, j'ai fait du café…* » etc. En commençant sa réponse, elle vous regardera probablement droit dans les yeux. Par contre, quand elle essaiera de se représenter tous les événements de la veille, ses yeux se détacheront de vous. Or les yeux sont toujours fixés sur quelque chose. Si Irina ne vous regarde pas vous, c'est qu'elle regarde autre chose, par exemple le café qu'elle a bu la veille. Elle regarde un objet réel ou un objet imaginaire, mais elle regarde toujours quelque chose. Et l'esprit conscient est toujours en présence de ce « quelque chose ». Tandis qu'elle fouille dans sa mémoire : « Je suis allée au travail, j'ai écrit une lettre », ses yeux continuent à fixer des points situés à l'extérieur. Même si le bon sens nous porte à croire que tous ses souvenirs sont rangés à l'intérieur de son cerveau, elle est obligée de regarder à l'extérieur pour les retrouver. Ses globes oculaires ne roulent pas à l'intérieur de sa tête pour sonder son cervelet. Et ses yeux ne regardent pas vaguement le décor, ils se fixent sur un point précis, puis un autre point précis, là où les événements de la veille resurgissent et réapparaissent :

*« J'ai lu le journal. »*
*« J'ai pris un café. »*

Chaque événement trouve sa cible spécifique. Et peut-être qu'enfin, elle abandonne et dit :

*« Je ne me souviens plus du reste. »*

Mais ses yeux continuent à chercher en divers endroits les souvenirs qui lui échappent. Ce qui peut passer pour un balayage général de l'espace est une véritable exploration : elle trouve, élimine et sélectionne une multitude de points. Ce qui nous amène à la première des six règles de la cible :

# 1. Il y a toujours une cible

On ne peut pas savoir ce qu'on fait tant qu'on ne sait pas à qui on le fait.

Tout ce que l'acteur « fait » doit être fait à quelque chose. L'acteur ne peut rien faire sans cible.

La cible peut être réelle ou imaginaire, concrète ou abstraite, mais la première règle inflexible est qu'il doit toujours, toujours y avoir une cible.

- « *J'avertis Roméo.* »
- « *Je trompe Lady Capulet.* »
- « *Je taquine La Nourrice.* »
- « *J'ouvre la fenêtre.* »
- « *Je vais sur le balcon.* »
- « *Je cherche la lune.* »
- « *Je me souviens de ma famille.* »

La cible peut être « soi-même », comme dans :

- « *Je me rassure moi-même.* »

L'acteur ne peut rien faire sans cible. Donc, par exemple, un acteur ne peut pas jouer « je meurs » parce qu'il n'y a pas de cible. Par contre, l'acteur peut jouer :

- « *J'accueille la mort.* »
- « *Je lutte contre la mort.* »
- « *Je me moque de la mort.* »
- « *Je me bats pour rester en vie.* »

## Être

Il y a des choses qu'on ne peut pas jouer. L'acteur ne peut pas jouer un verbe sans objet. Un cas de figure fondamental est l'« être » : l'acteur ne peut pas se contenter d'« être ». Irina ne peut pas jouer qu'elle « est » heureuse, triste ou en colère.

L'acteur ne peut jouer que des verbes, mais a fortiori, chacun de ces verbes doit correspondre à une cible. Cette cible est une sorte d'objet, soit direct soit indirect, une chose précise vue ou sentie et qui, jusqu'à un certain point, répond à un besoin. Et ce que la cible est change d'un instant à l'autre. Il y a une quantité de choix possibles. Mais sans cible, l'acteur ne peut absolument rien faire, car la cible est la source de toute la vie de l'acteur. Quand nous sommes conscients, nous sommes toujours en présence de quelque chose, de la cible. Et quand l'esprit conscient n'est plus en présence de quoi que ce soit, il cesse d'être conscient. Or l'acteur ne peut pas jouer l'inconscience.

## Saluer le curé sans pantalon tout en taillant les chrysanthèmes

En disséquant le vénérable *double-take*, nous montrerons mieux en quoi consiste la cible. « To take » est une vieille expression de théâtre pour dire « voir ». Et faire un *double-take* signifie qu'on voit quelque chose deux fois, ce qui crée un effet comique.

Exemple : Vous êtes en train de tailler vos chrysanthèmes quand le curé entre en courant :

- Première étape : « *Bonjour, monsieur le curé !* » – vous le regardez.
- Deuxième étape : Vous retournez à vos chrysanthèmes.
- Troisième étape : Pendant que vous regardez vos chrysanthèmes, vous vous rendez compte que le curé ne porte pas de pantalon.
- Quatrième étape : Vous le regardez à nouveau d'un air ahuri.

À quel moment, le rire éclate-t-il ? Tous les spécialistes du monde entier s'accordent à dire que le rire éclate à la troisième étape. La troisième étape correspond au moment où l'image se transforme sous les yeux de l'acteur. Revenons aux quatre étapes.

- Première étape : Vous « regardez » le curé, mais ne le « voyez » pas vraiment. Vous imaginez ainsi qu'il est aussi présentable que d'habitude.
- Deuxième étape : Vous croyez avoir terminé vos salutations et recommencez à tailler vos chrysanthèmes.
- Troisième étape : À cet instant, dans votre vision mentale, l'image erronée du curé respectable est remplacée par l'image réelle du curé en caleçon à pois.
- Quatrième étape : Vous le regardez à nouveau pour vérifier que ses genoux tremblants flageolent bien dans une embarrassante réalité.

Vous vous attendez à voir un curé en pantalon et vous « voyez » seulement ce qui doit être. Le public se réjouit du moment où la réalité vous obligera à voir la cible telle qu'elle est. Une cible se transforme en une autre sous vos yeux et le public hurle de rire. Mais surtout, le public ne rit pas parce que vous transformez la cible. Le public rit de voir la cible vous transformer.

## 2. La cible existe toujours à l'extérieur et à une distance mesurable.

Comme nous l'avons vu, les yeux regardent toujours quelque chose, qu'il s'agisse d'une chose réelle ou imaginaire. Et l'impulsion, le stimulus, le courant d'énergie qui nous poussent à annoncer :

*« J'ai mangé du bacon et des œufs »*

ou encore :

*« Je ne prends pas de petit-déjeuner »*

sont déclenchés par des images précises situées en dehors du cerveau et non à l'intérieur. Les yeux se fixent sur différentes cibles, comme s'ils essayaient non pas de retrouver simplement le souvenir, mais de découvrir l'emplacement exact de ce souvenir. En effet, l'endroit-même où le souvenir se cache, le lieu où le souvenir existe déjà, peut paraître aussi important que le souvenir lui-même. Que se passe-t-il donc si la cible semble être à l'intérieur du cerveau, comme mettons, quand nous avons très mal à la tête ? Dans ce cas comment peut-elle être à l'extérieur ?

Quelle que soit la douleur que nous ressentons, le vécu intime du supplice, il y aura toujours une différence entre le patient et la douleur. Et les gens qui endurent de grandes souffrances disent toujours qu'ils se sentent étrangement détachés de leur douleur. Plus la migraine est intense, plus nous avons l'impression qu'il existe deux entités dans le monde : la douleur et celui qui l'éprouve. La douleur a beau envahir le cerveau, elle reste à l'extérieur de la conscience. Il y a toujours une distance fondamentale.

# 3. La cible existe avant qu'on ait besoin d'elle

Si vous demandez à Irina ce qu'elle veut faire l'année prochaine pour son anniversaire, il se passe une chose intéressante. Ses yeux se déplacent à la recherche de ce qu'elle a envie de faire. Si on y réfléchit, c'est étrange. Parce que ce qu'elle veut faire l'année prochaine ne peut pas déjà exister. Or ses yeux traquent cet événement futur comme s'il existait déjà. En toute logique, elle devrait inventer sur le moment ce qu'elle aura envie de faire l'année prochaine – passer la journée à la mer, organiser une fête, ou n'importe quel autre événement qui n'existe pas encore. Pourtant, elle le cherche comme s'il existait déjà. Comme si elle devait trouver ou découvrir un souhait qui est déjà là et non inventer une idée nouvelle.

C'est un détail important parce que, comme nous allons le voir plus loin, « découvrir » est toujours plus efficace qu'« inventer ».

## Les sens et la vue

Les mots « vue » et « voir » seront utilisés à partir de maintenant pour désigner tous les sens, dont seulement cinq portent des noms. À ce sujet, l'aveuglement de Gloucester peut sembler atroce, mais il existe un sort plus tragique que d'avoir les yeux arrachés : s'arracher ses propres yeux. Le terrible destin d'Œdipe voulut qu'il se rende lui-même aveugle. Malheureusement, ce mal n'est pas rare : l'auto-aveuglement est la cause la plus fréquente du blocage.

## Un lieu où voir

Si Irina se sent bloquée, si elle a l'impression qu'elle ne « ne sait pas ce qu'elle fait » c'est parce qu'elle ne voit pas la cible. Le danger est grand parce que la cible est la seule source d'énergie concrète pour l'acteur. Sans nourriture, nous mourons. Pour survivre, toute vie a besoin de prendre un aliment au-dehors et de le mettre au-dedans.

Les acteurs puisent leurs aliments et leur énergie dans le monde extérieur, dans ce qu'ils voient. Le terme même de *théâtre* vient du grec τεαθρον, qui signifie « lieu où voir ». Mais ne sommes-nous pas nourris aussi bien de ce qui est à l'extérieur que de ce qui est à l'intérieur? Cette hypothèse est valable, mais totalement inutile. Irina a intérêt à transférer toutes ses fonctions intérieures, tous ses élans, ses sentiments, ses pensées, ses motivations et ses impulsions dans la cible. La cible transmettra alors de l'énergie à Irina comme une batterie prête à répondre à ses besoins.

Quand nous sommes profondément émus par quelque chose, la psychologie nous explique que ces sentiments forts trouvent leurs racines à l'intérieur de nous. Mais le principe inverse est plus utile pour l'acteur. En d'autres termes, Irina a plutôt intérêt à imaginer que c'est la cible qui provoque ces réactions extrêmes. Irina lâche alors prise et s'en remet à ce qu'elle voit. L'acteur cède le pouvoir à la cible.

Aucune ressource intérieure ne peut nous rendre parfaitement autonomes. Il n'existe pas de dynamo interne indépendante du monde extérieur. Nous n'existons pas par nous-mêmes ; nous existons dans un certain contexte. Imaginer pouvoir survivre hors de tout contexte est insensé. L'acteur ne peut jouer qu'en relation avec l'extérieur, c'est-à-dire avec la cible.

## 4. La cible est toujours particulière

Une cible ne peut pas être une généralisation. Une cible est toujours spécifique. Nous savons que la cible peut être une abstraction comme dans : « *J'essaie de m'empêcher de voir l'avenir* ». Ici, bien que « l'avenir» soit un objet abstrait, il ne s'agit pas une généralité. Ce sont des éléments précis de « l'avenir » que « *j'essaie de m'empêcher de voir* ».

Nous avons vu précédemment que « *je me bats pour rester en vie* » avait pour cible « la vie ». Le soldat blessé qui lutte pour survivre aura en tête une image précise du prochain moment de vie auquel il aspire. Il ne se bat pas pour une généralité. Il n'y a rien de général dans l'effort ou la lutte. Son combat, sa résistance, sa toux sont motivés par l'image du prochain moment de vie qu'il voit et désire, et il imagine que s'il se racle la gorge à ce moment-là, s'il aspire une nouvelle bouffée d'air, s'il supporte ce nouveau spasme de douleur, alors peut-être que l'espoir subsiste encore pour lui.

Nous voyons tous des cibles différentes, même si nous regardons la même chose. Rosalinde ne voit pas le même Orlando qu'Olivier, le frère jaloux. La particularité de la cible est différente pour chacun de nous. Nous parlerons plus en détails de ce point dans le chapitre 5.

Le monde extérieur est toujours spécifique. Ce qui est à l'extérieur, la cible, est forcément particulière.

## 5. La cible se transforme sans cesse

Nous avons vu qu'il ne suffisait pas que Rosalinde aime « Orlando ». Il faut qu'elle voie un Orlando particulier. Pourtant, cet Orlando particulier va se transformer en un autre Orlando particulier. Elle verra peut-être d'abord un jeune fanfaron intrépide qui défie le lutteur du Duc, puis peut-être un David romantique qui triomphe de Goliath, et puis peut-être un jeune homme perdu. Au fil de *Comme il vous plaira*, Orlando subira maintes et maintes mutations. Rosalinde aura de quoi s'occuper face à ces Orlando changeants. Doit-elle l'embrasser, l'affronter, le provoquer, le railler, le séduire, le troubler ou le soigner ?

Et il ne s'agit pas seulement d'Orlando : dans son monde, Rosalinde doit aussi faire face à un tas d'autres cibles changeantes. De simples bergers se muent en poètes névrosés, des aristocrates se révèlent hors-la-loi et son propre corps se transforme peu à peu en un objet d'amour et de désir ambigu. L'univers de Rosalinde et toutes les cibles qu'il contient ne sont jamais les mêmes ; elles changent en permanence. Voir les cibles se transformer libérera l'actrice qui joue Rosalinde.

## 6. La cible est toujours active

Non seulement la cible est en perpétuelle mutation, mais elle est aussi toujours en train de faire quelque chose. Et ce qu'elle fait doit être modifié – par moi. Au lieu d'apprendre à Orlando ce qu'est l'amour, laissons Rosalinde voir un Orlando trop sentimental, ce qu'elle doit essayer de changer. Au lieu de vouloir tuer Desdémone, laissons Othello voir une femme qui le détruit et essayer de renverser cette situation. Au lieu de défier Goneril, laissons Lear voir une fille qui l'humilie, une fille qu'il doit changer.

## La cible externe

La cible active est un réservoir d'énergie situé à l'extérieur de nous ; elle nous permet de rebondir, de réagir et de nous alimenter, comme une sorte de batterie externe.

Donc, au lieu de nous demander tout le temps : « *Qu'est-ce que je fais ?* » il vaut mieux nous demander d'abord : « *Qu'est-ce que la cible fait ?* » et ensuite : « *Qu'est-ce que la cible me fait faire ?* »

La première question vide la cible de son énergie et la transfère sur le « je ». Notons au passage que le mot « je » peut être dangereux pour l'acteur et qu'il doit être employé avec prudence. « Moi » est souvent plus utile.

Plus l'acteur réussit à focaliser son énergie dans la cible, plus sa liberté sera grande. Au contraire, dépouiller la cible de son énergie aura tendance à le paralyser. Si Irina essaie de puiser ses forces dans la cible et de les garder en elle, elle se retrouvera bloquée.

Irina peut imaginer toutes sortes de choses que désire son personnage, tout ce que Juliette voudrait faire à Roméo. Dresser la liste de ce que Juliette attend de Roméo peut être effectivement utile au début des répétitions. Mais Irina a surtout intérêt à libérer son imagination pour voir ce que Juliette voit. Et que voit Juliette ?

Un père à craindre, une mère à supporter, un avenir à éviter et un Roméo à courtiser, dompter, soutenir, avertir, effrayer, applaudir, découvrir, rassurer, libérer, gronder, protéger, encourager, anoblir, corriger, enflammer, refroidir, séduire, rejeter et aimer. Pour Juliette, la scène n'est pas centrée sur elle ou ce qu'elle veut ; la scène est centrée sur les différents Roméo qu'elle voit et auxquels elle doit s'adapter. L'énergie d'Irina ne vient pas de l'intérieur, d'un noyau vital limité, mais du monde extérieur tel que Juliette le perçoit : la brise qui caresse sa joue, le mariage qu'elle redoute, les lèvres qu'elle désire. Tout ce qui constitue la cible.

Il va de soi que l'acteur qui joue Roméo doit faire en sorte que la scène du balcon soit centrée plus sur Juliette que sur lui, tout comme Irina doit faire en sorte que la scène soit centrée plus sur Roméo que sur elle.

Pour des raisons pratiques, nous pouvons donc admettre qu'il n'existe pas de source d'énergie interne. Toute l'énergie vient de la cible.

## Plus d'une à la fois

Irina n'a pas besoin non plus d'avoir les yeux collés sur son partenaire. Si je discute avec des amis tout en marchant sur la plage et que je garde les yeux rivés sur eux, je vais finir par me casser la figure. Nous pouvons nous parler à travers les objets que nous voyons, les algues, les mouettes, les flaques des marées. Si nous avons une nouvelle pénible à annoncer, nous allons proba-blement scruter la cuillère qui remue le café pour éviter de croiser un regard embarrassant. Cela signifie-t-il que nous ne regardons que le café ? Non. Cela signifie-t-il que nous ne voyons pas le café mais que nous imaginons le visage décomposé de notre interlocuteur ? Non plus. Nous voyons les deux à la fois. Comment accomplissons-nous cette prouesse ? Impossible de le savoir. Ce que nous devons savoir, c'est qu'il y a toujours une cible, et même, il y en a souvent plus d'une à la fois.

## Digression : une expérience autour de l'hypnose

Même quand nous ne savons pas précisément à quelle cible nous avons affaire, nous en inventons une. Nos imaginations fuient le général et l'inconnu. Même s'il n'y avait pas de cible, nous devrions en inventer une. Sigmund Freud a décrit des expériences où des patients sous hypnose recevaient, à un signal donné, l'ordre de remuer les oreilles. Une fois la suggestion terminée, on réveillait les patients et au signal, ils remuaient docilement les oreilles. Bien sûr, ils ne savaient pas du tout pourquoi ils faisaient ça. Ce qui fascinait surtout Freud, c'était que quand on leur demandait pourquoi ils avaient remué les oreilles, ils donnaient toujours une raison précise : « *Parce que mes oreilles me grattaient* », par exemple. Deux possibilités : Premièrement, nous préférons mentir plutôt que reconnaître que nous sommes des êtres irrationnels. Deuxièmement – remarque plus utile à l'acteur – toutes nos pensées sont liées à une cible précise… et nous fournissons même la cible si elle a l'air de manquer.

## Ce que la cible n'est pas

La cible n'est ni un objectif, ni un désir, ni un projet, ni une raison, ni une intention, ni un but, ni un point de focalisation, ni une motivation. Les motivations découlent de la cible. Une motivation est une façon d'expliquer pourquoi nous agissons. Il peut être intéressant de se demander « pourquoi ». Mais l'acteur qui se pose sans cesse cette question risque de se transformer en véritable sac de nœuds. Par exemple, « pourquoi » Juliette tombe-t-elle amoureuse de Roméo ? Et oui, pourquoi ? Peut-on donner les raisons qui font que nous aimons quelqu'un ?

Et si un ami serviable venait à expliquer « pourquoi » nous aimons quelqu'un, nous nous sentirions pris de haut. Or l'acteur ne doit jamais prendre le personnage de haut. Expliquer « pourquoi » nous donne le frisson du contrôle. Si Irina est capable de répondre à cette question, c'elle qu'elle est passée à côté de l'essentiel. Nous ne pouvons jamais savoir complètement pourquoi nous agissons. Mais nous reparlerons des dangers du « pourquoi » plus tard.

La cible n'est pas non plus mon « point de focalisation ». « Focalisation » est un mot trompeur. Il nous donne l'impression d'appartenir au même registre que la cible. Mais dire : « *Je me focalise sur quelque chose* » n'est pas la même chose que dire : « *Je vois quelque chose.* » Prenons le temps d'analyser cette différence. La cible a besoin d'être vue. Mais le « point de focalisation » sous-entend que je peux décider de me focaliser ou non sur ce point. La cible est le maître. Or le « point de focalisation » ressemble plutôt à un esclave. L'acteur peut penser qu'il est plus confortable de choisir des points de focalisation plutôt que de réagir aux différentes cibles. En effet, s'il « choisit » sur quoi se focaliser, il a l'impression d'avoir plus de contrôle. Mais à long terme, ce contrôle n'est pas un allié ; ce contrôle particulier a tendance à renfermer habilement Irina à l'intérieur d'elle-même.

Choisir un point de focalisation tend à faire disparaître le monde extérieur et tous les stimuli qui nourrissent l'acteur et à replacer à l'intérieur toutes les énergies qui sont plus utiles à l'extérieur.

Avant de nous intéresser aux mécanismes de contrôle, parlons tout de suite d'un choix inconfortable.

## Le premier choix inconfortable

Nous voici arrivés au premier choix inconfortable de l'acteur. Le dilemme concerne des entités qui ont l'air amies mais qui, en réalité, se détruisent mutuellement. Mais elles ont l'air tellement similaires, ne pouvons-nous par les garder toutes les deux comme une sorte de police d'assurance, de filet de sécurité, de pièce de rechange  au cas où l'une des deux ne fonctionnerait plus ? Malheureusement, non. Pour avoir l'une, il faut renoncer à l'autre. Quel est donc le premier de ces renoncements douloureux ?

## Concentration ou attention

Voici le premier choix inconfortable : concentration ou attention. À vous de choisir. Vous ne pouvez pas avoir les deux, c'est tout.

Mais avant de faire ce choix, il est important de comprendre la situation. L'attention est liée à la cible ; la concentration me concerne, moi. Si je me concentre très fort sur un objet externe ou sur une autre personne, il se passe une chose étrange : Progressivement, je vois l'autre de moins en moins clairement et à la place, je me mets à voir comment je vois cette autre personne. En d'autres termes, en fin de compte, il ne s'agit que de moi. La concentration fait mine de se tourner vers l'autre, mais c'est un leurre. La concentration fait semblant de s'intéresser au monde extérieur, alors que pas du tout. Nous préférons la concentration à l'attention parce que la concentration fonctionne sur commande. L'attention est très différente. Elle est donnée et doit être trouvée. Nous sécrétons de la concentration à la pelle et nous croyons pouvoir contrôler ses allées et venues. C'est précisément pour ça qu'elle n'est pas très utile. Nous ne pouvons pas contrôler l'attention, c'est pour ça qu'elle est si utile et déconcertante. Mais la concentration a aussi quelque chose de terrifiant. La concentration a le même effet que l'horrible maison de l'oncle Silas[1] ; vous pouvez courir aussi loin que vous voulez, vous finirez toujours par revenir mystérieusement à la maison.

Irina ne peut rien fabriquer à l'intérieur d'elle-même. Il n'existe aucun noyau central de créativité qu'elle puisse stimuler pour produire une solution à ses difficultés. Elle ne peut construire aucun sentiment, ne façonner aucune pensée. Que peut-elle donc faire ? Tout ce qu'elle peut faire, c'est voir les choses et être attentive.


## « Voir » et « regarder ».

Aussi exaspérant que cela puisse paraître, Irina ne peut pas se forcer à voir avec attention. Comme tout le monde, elle ne peut que se forcer à « ne pas voir ». Elle peut s'aveugler. Et elle peut aussi se forcer à « regarder » les choses. Mais « regarder »

---

1. Roman gothique fantastique de l'écrivain irlandais Joseph Sheridan Le Fanu.

n'est pas tout à fait la même chose que « voir ». Et la différence entre « voir » et « regarder » est fondamentale pour l'acteur. « Regarder » sous-entend que je choisis où focaliser mon attention. « Voir » signifie que je prête attention à ce qui existe déjà. Je peux regarder un objet sans le voir, comme dans l'exemple du curé sans pantalon. « Voir » implique que ce qui est vu possède la liberté de me surprendre, de ne pas correspondre exactement à mes attentes.

## La faim

Imaginez que vous ayez faim et qu'il n'y ait rien à manger dans votre appartement. Vous aurez beau fouiller dans le frigo, il sera toujours vide. Le seul endroit où trouver de la nourriture est à l'extérieur. Si vous restez à l'intérieur, vous allez mourir de faim. Vous pouvez parcourir les étagères autant que vous voudrez, rien n'y fera. Pour l'acteur, « voir » est comme aller à l'extérieur. On se sent tellement en sécurité chez soi ; dans la rue, tout a l'air si effrayant, mais ce n'est qu'une illusion.

On n'est pas en sécurité chez soi ; on est en sécurité uniquement dans la rue. Ne rentrez pas à la maison.

# 3. La peur

Donc, si la cible est si importante, comment se fait-il que nous nous détachions d'elle ? La réponse est simple. C'est la Peur qui nous détache de la cible. La Peur nous coupe notre unique source d'énergie ; c'est comme ça que la Peur nous affame. Aucun travail théâtral n'absorbe plus d'énergie que la lutte contre les effets de la Peur ; et la Peur est toujours, toujours destructive. Plus la Peur s'installe dans la salle de répétition, plus le travail en pâtit. La Peur rend tout désaccord impossible. La Peur crée un faux consensus tout autant que le conflit. Une ambiance de travail saine, où nous pouvons tenter des choses et échouer, est indispensable. La Peur corrode cette confiance, mine notre assurance et bloque le travail. La répétition doit être un lieu sûr pour que la représentation ait l'air périlleuse.

Avant qu'Irina puisse utiliser les règles de la cible à son avantage, il faut qu'elle comprenne précisément comment la Peur agit sur elle. Ce chapitre n'est pas une parenthèse car même la cible ne pourra rien pour nous tant que nous ne nous serons pas confrontés aux effets de la Peur.

Quelle est donc cette « Peur » avec un grand P ? Elle est difficile à définir parce qu'elle est un amalgame personnel d'émotions changeantes, aussi mouvante qu'un banc de poissons. Elle est liée au Doute et à la Honte. Comme toutes les étiquettes, le mot « Peur » est terriblement général. Shakespeare était fasciné par le phénomène et y a consacré certains de ses plus beaux textes. La Peur est ce qui nous empêche d'accomplir une action donnée, ce qui entrave et anime Macbeth, Troilus et Hamlet.

Cette Peur ne doit pas être confondue avec le sentiment qui peut saisir chacun de nous si un fou surgit et agite un fusil sous nos yeux. Parfois, cette Peur porte un masque : l'arrogance est un de ses déguisements préférés, le maniérisme en est un autre. Parfois, nous savons que nous sommes habités par la Peur, mais parfois, le parasite est invisible pour son hôte. Une chose est sûre : quand nous sommes confrontés à un « blocage », la Peur est toujours au sommet de sa forme.

Cela dit, Irina peut garder courage, parce qu'au final, la Peur de l'acteur n'est qu'un tigre de papier, un Magicien d'Oz qui se délite quand il est traîné au grand jour. « *Ne t'inquiète pas !* » est facile à dire, mais souvent contre-productif. Sauf qu'en réalité, il n'y a véritablement pas de raison de s'inquiéter. Pourquoi y en aurait-il quand « l'inquiétude » est la cause du problème ? La prudence nous incite à prendre des précautions, mais l'inquiétude est toujours imprudente.

Nous pouvons vaincre la Peur. Mais d'abord, nous devons la voir et l'accepter. Et nous avons intérêt à nous préparer à l'affronter à froid plutôt que quand elle nous serre déjà dans ses griffes. Ce n'est qu'en voyant notre Peur en face que nous pourrons l'appréhender, l'objectiver et la surmonter. Cette fable peut nous y aider.

# Une fable : le Diable

La Peur est comme le Diable. La bonne nouvelle est qu'il n'existe pas, la mauvaise est que c'est justement pour ça que nous ne pouvons pas nous en débarrasser. Tout le pouvoir du diable vient du fait qu'il danse dans notre vision périphérique. Il se coupe en deux et nous envoie des clins d'œil à droite et à gauche, jamais au centre, jamais complètement hors de notre vue. Son désir le plus cher est de vous séparer de la cible : « *Ne te donne pas la peine de regarder quoi que ce soit* » murmure-t-il « *parce que tout le monde te regarde. Tu ne devrais t'occuper que de toi-même. Toi, acteur, vas-tu échouer ou non ? Toi, acteur, seras-tu jugé bon ou mauvais ? Verra-t-on ton talent ? Te trouvera-t-on beau ? Te désirera-t-on ? Seras-tu rejeté ? Humilié ?* »

Quand nous atteignons cet état de grand désarroi, nous pouvons nous rappeler ce que Jésus a dit au Diable dans le désert : « *Arrière, Satan !* » Le pouvoir du diable vient du fait que nous ne faisons que l'entrapercevoir. Donc, le meilleur endroit où le ranger est derrière. Une fois qu'il est derrière nous, complètement hors de notre vue, nous pouvons aller de l'avant. Il s'évertuera pourtant à rentrer dans notre vision périphérique. Nous redoutons qu'il nous saute à la figure, mais c'est du bluff. Si le Diable nous sautait aux yeux, il disparaîtrait sur le champ. Il nous domine en nous faisons croire que, comme la Gorgone, un seul regard de lui suffirait à nous paralyser. Alors que non, le voir entièrement reviendrait à le détruire entièrement. Nous ne pouvons jamais nous débarrasser totalement de la Peur. Mais nous pouvons continuer à la renvoyer derrière nous.

## La division du temps

Tous les problèmes de blocage se soignent dans le « maintenant ».

Dans le « maintenant » la Peur n'existe pas. Elle doit inventer un temps fictif à investir et à diriger. Elle s'empare du seul temps réel, le présent, et le divise en deux temps fictifs. Une moitié qu'elle appelle le passé, et une autre qu'elle appelle l'avenir. Ces deux temps sont les seuls dans lesquels elle puisse vivre. La Peur régit l'avenir sous la forme de l'Anxiété et le passé sous la forme de la Culpabilité.

L'acteur bercé d'illusions laisse ainsi la cible dans le présent et s'enfuit avec la Peur dans le passé et l'avenir, ce qui donne lieu à un blocage. En réalité, bien que ses effets se fassent sentir dans le présent, le blocage prend toujours sa source dans le passé et l'avenir. Un exemple criant est la peur du « trou ». Dans la pratique, quand les acteurs restent présents, ils n'oublient quasiment jamais leur texte. Par contre, dès qu'Irina se dit : « *Oh mon Dieu ! Je crois que je ne me souviens plus de ma prochaine réplique* », elle prédit ce qui va se passer, elle quitte le présent. « *Je vais oublier mon texte* » est une anticipation de l'avenir qui amène Irina à oublier son texte sur le moment. Un autre cas typique de catastrophe annoncée est de penser : « *Ce que je viens de jouer était nul, mais je vais essayer de faire mieux par la suite !* » Dès l'instant que je délaisse le présent pour flirter avec le passé ou l'avenir, j'ouvre une brèche dans laquelle la Peur peut se glisser. La Peur ne peut pas respirer tant que l'acteur reste dans le présent.

## La présence

L'acteur doit-il essayer d'être présent ? La réponse est non. Nous ne pouvons pas essayer d'être présent précisément parce que nous sommes déjà présents. Que pouvons-nous donc faire ? Pouvons-nous travailler avec les doubles négations ? Par exemple, pouvons-nous essayer de ne pas être absents ? La difficulté est que quand l'acteur « essaie », il a tendance à se concentrer, ce qui gèle le flux de son attention et le détache de la cible.

*« Être présent paraît si difficile ; rester présent encore plus ! »* Ces deux illusions sont des produits de la Peur.

En réalité, nous sommes présents et nous ne pouvons absolument rien y changer. Mais nous pouvons fantasmer que nous sommes ailleurs. Nous avons mis au point des mécanismes tellement ingénieux pour nous faire croire que nous sommes absents qu'il devient extrêmement difficile de les débrancher. Mais certains principes peuvent nous y aider. Premièrement : comme je suis déjà présent, je ne peux logiquement pas devenir présent. Donc « essayer » de devenir présent est une entreprise complètement insensée. Car essayer de faire quelque chose nous amène à nous concentrer et nous renvoie à la maison. La Peur a souvent recours à cette ruse pour nous embrouiller : elle nous encourage à lutter pour devenir… ce que, au fond, nous sommes déjà. Imaginez que vous soyez invité chez quelqu'un, confortablement assis sur le canapé, quand votre hôte surgit soudain et insiste pour que vous vous asseyiez. Vous protestez : « *Mais, je suis déjà assis !* » Il s'écrie : « *Eh bien, essaie encore !* » Mettons que vous décidiez alors que c'est lui qui a raison et pas vous et que vous essayiez de lui obéir. Vous essayez de vous « asseoir » davantage parce qu'apparemment, vous ne le faites pas assez bien… vous essayez encore et encore… il est de plus en plus exaspéré, il se met à hurler… Eh bien, aussi insensé que cela paraisse, c'est exactement ce qui se passe quand nous essayons d'être présents.

Nous nous embrouillons tellement que nous nous sabordons totalement. La Peur peut nous mettre au tapis.

Un remède efficace contre le blocage est de vous rappeler calmement que vous êtes présent et que rien ni personne ne peut vous kidnapper. Non, vous ne pouvez pas vous coller un chiffon de chloroforme sur la figure pour vous enlever. Le pire qui puisse arriver est que vous vous persuadiez que vous n'êtes pas présent. Nous ne pouvons pas lutter pour être présent. Nous pouvons seulement découvrir que nous le sommes. La présence nous est donnée, comme un don, comme un présent. Elle ne peut pas nous être enlevée, même si nous nous persuadons souvent du contraire.

## Cacher les règles

La Peur n'a aucun pouvoir sur la cible, mais elle peut vous faire croire que la cible vous a abandonné. Pour cela, elle doit vous persuader que les règles de la cible n'existent pas et elle s'efforce donc de cacher à tour de rôle chacune de six règles.

## 1. Il y a toujours une cible

L'offensive de la Peur contre la première règle est simple, mais dévastatrice : « *La cible n'existe pas. C'est un mensonge.* » La Peur murmure : « *Tu es tout seul. Tu ne peux compter que sur toi-même.* »

## 2. La cible existe toujours à l'extérieur et à une distance mesurable

La distance est bénéfique parce que nous avons besoin d'espace pour voir. Si nous restons au même endroit qu'un objet, nous ne le verrons jamais. La peur doit donc masquer la deuxième règle, soit que la cible existe toujours hors de nous et dans un espace mesurable. La Peur détruit le sentiment de la distance et de l'espace en nous faisant croire que l'imagination n'agit qu'à l'intérieur. « *Tout ce que je peux imaginer doit avoir lieu dans ma tête. Mon imagination est interne. Tout ce que j'imagine a lieu à l'intérieur de moi-même.* » La logique dévastatrice fait des ravages. Il n'y a plus aucune distance bénéfique entre vous et la cible. Le fossé salutaire a disparu et vous vous retrouvez écrasé contre le monde extérieur, comme un visage collé au mur. Pas de distance : pas de vision.

## 3. La cible existe toujours avant qu'on ait besoin d'elle

La Peur ébranle aussi la troisième règle qui est que la cible existe déjà. Elle réussit à vous embrouiller en fragmentant le temps en miroirs parallèles, comme dans un ascenseur qui vous dédouble à l'infini. Ces miroirs, le passé et l'avenir, vous distraient jusqu'à ce que vous ne discerniez plus la cible au loin qui agite la main. La Peur appelle alors ses vieux ministres en renfort : le Reproche, l'Obligation et la Punition pour qu'ils l'aident à vous contrôler. Elle charge ensuite la Responsabilité sur vos épaules et enroule le Devoir autour de votre cou. « *C'est à toi d'inventer,* murmurent-ils tous en cœur, *il n'y a rien à découvrir. Ton devoir est de tout fabriquer, tout animer, tout contrôler. Tu es seul responsable de tout, absolument tout. Tu es même responsable de ce qui n'a pas lieu et tu laisses tomber tout le monde. Comment se fait-il que tu sois si paresseux / inutile / vide / maladroit / dépourvu d'imagination / dénué de talent ?* » Il n'existe pas de moraliste plus sévère que la Peur et aucun moraliste n'est étranger à la Peur.

## 4. La cible est toujours particulière

La Peur efface ensuite la quatrième règle qui veut que la cible soit toujours particulière. Ce qui suscite en nous une peur irrationnelle nous semble toujours spécifique. Et le spectre du désastre a toujours l'air horriblement réel. Tellement horrible d'ailleurs que nous n'osons pas l'approcher pour l'examiner. Nous avons une peur panique de… quoi ? Cette simple question mérite d'être posée. Elle paraît si évidente que parfois, nous ne prenons même pas le temps d'y répondre. Que risquons-nous ? De tomber de la scène ? De mal jouer ? À ma connaissance, personne n'est mort de n'avoir pas bien joué. La terreur en apparence si réelle s'estompe quand on y regarde de près. Bien sûr, il est regrettable de produire un travail médiocre. Mais il nous arrive à tous de rater et nous devons l'accepter. C'est la Peur qui nous conduit à produire un travail de mauvaise qualité, c'est-à-dire que la Peur de la médiocrité devient une prophétie auto-réalisatrice. Tout comme la culpabilité nous rend irresponsables.

La peur que les choses se passent mal ne doit pas prendre des proportions démesurées. La terre implosera-t-elle si je ne suis pas au top ce soir ? Quand nous nous forçons à regarder notre peur en face, elle s'amenuise aussitôt. Un des stratagèmes de la Peur est de nous empêcher de la regarder, ou du moins, de la regarder de près, avec attention. Quand la panique s'installe, il peut être utile de se rappeler que le simple fait de prêter attention est apaisant. En réalité, seule l'attention apporte le repos. Si nous sommes terrifiés par ce que nous risquons de voir au point de ne plus prêter attention à rien, nous ouvrons la porte au chaos.

## 5. La cible se transforme sans cesse

## 6. La cible est toujours active

Dans une dernière attaque visant à détruire les cinquième et sixième mouvement, la Peur s'apprête à présent à saper la cinquième et la sixième règles selon lesquelles la cible est toujours active et en transformation. « *Faux !* s'exclame la Peur. *La cible est passive, immobile, immuable !* » À ce stade, la Peur se porte à merveille et poursuit son offensive quand je me plains que mon partenaire est figé et qu'il ne joue pas la scène en direct. « *Il ne me renvoie rien !* »

Un partenaire rigide peut nous rebuter, mais si je suis capable d'évaluer la qualité de jeu de mon partenaire, c'est qu'il y a un sérieux problème. Je ferais mieux dans ce cas de me demander si ça n'est pas moi qui suis rigide.

L'acteur déçu par la prestation de son partenaire – « *Je n'arrive pas à croire que Juliette m'aime suffisamment pour bien jouer la scène* » – doit pouvoir voir la Juliette qui l'aime suffisamment. Croire est le défi de l'acteur, plus que convaincre n'est le problème du partenaire.

De même, quand je me plains que : « *Je m'entends, j'entends l'écho de ma voix, plate et monotone !* » je peux être sûr que la Peur est en train d'accomplir son travail de sabotage. Le son de notre propre voix nous semble toujours étrange. La voix est un outil qui remplit diverses fonctions. Elle n'est pas l'outil général de l'expression de soi. Pour bien utiliser les mots, je dois imaginer ce que mon partenaire entend et n'entend pas, ce qui est entendu et ce qui reste tu. Je ne dois m'occuper que de la cible. Ma seule préoccupation doit être la cible. Si, pendant que je parle, je m'arrête pour m'écouter, je vais invariablement embrouiller celui à qui je parle ainsi que moi-même. Mes mots vont commencer à sonner faux. Et même, au moment précis où je vais me détacher de la cible, mes mots vont réellement devenir faux. Les mots les plus intelligents se transforment en baragouin quand ils sont détachés de la cible. Ce genre de phénomène ne peut pas vraiment avoir lieu dans la vraie vie parce que dans la vraie vie, en général, quand nous perdons la cible, nous perdons les mots.

Le danger pour l'acteur est qu'il peut retenir d'énormes paquets de mots pris dans un texte écrit par un autre. Mais cela ne le dispense pas de devoir relier ces mots au monde extérieur. Nous pouvons imaginer que les mots ont un sens en soi. Mais même le texte le plus brillant reste inintelligible s'il ne se rapporte pas au monde extérieur, s'il reste détaché de la cible. Au fond, chaque mot a besoin d'être engendré par le monde extérieur. Tout texte se transforme en charabia s'il est détaché de la cible. Cela explique peut-être pourquoi nos voix enregistrées nous hérissent si souvent le poil.

Si tout ce qui se trouve autour de nous nous semble mort, nous sommes victimes d'une illusion. La Peur nous a tellement endormis que nous ne voyons plus la cible qui se transforme et se déplace.

## L'œil qui juge

La Peur vous divise aussi en un double trompeur : vous et un autre qui vous « juge », celui qui « agit » et celui qui « regarde ». Celui qui surveille est un critique sévère qui évalue sans cesse les progrès accomplis. « *Comment je m'en sors ?... Bien ? ... Oh Mon Dieu... Si mal que ça ?* » Impossible d'échapper à cet œil rogue.

Donc vous vous mettez à croire que vous êtes votre propre cible, que rien n'existe en dehors de vous et de votre œil rogue qui s'élève hors de votre corps et vous empêche de voir toute autre cible. Vous êtes apparemment seul, avec une fausse cible pour unique compagnie. Et il ne s'agit encore que d'une partie de vous-même, qui danse derrière les têtes des spectateurs et raille et persifle : « *Tu es mauvais* » ou plus rarement : « *Tu es génial !* » Vous devenez votre meilleur ami, et de là, votre seul ami. « *De qui aurais-je besoin puisque je m'ai, moi ?* » Il n'y a pas de place pour un troisième dans cette relation fusionnelle, et pendant ce temps-là, la Peur sourit d'un air approbateur.

## Digression : Narcisse, Écho et Méduse

Narcisse et Méduse ont été victimes de l'œil qui juge. Les dieux ont puni Narcisse d'avoir contemplé son propre reflet dans l'eau. Changé en fleur, il a été condamné à se mirer pour toujours. Mais les dieux n'ont pas puni Narcisse d'avoir ignoré

Écho ni d'avoir été obsédé par son apparence. En effet, s'il avait pu voir sa véritable beauté, peut-être aurait-il connu un sort meilleur.

Pourquoi ont-ils puni Narcisse ? Le problème, c'est qu'il a vu autre chose dans l'eau. Narcisse a surpris son propre regard qui le regardait. Il s'est surpris… en train de voir. Et comme il s'est vu en train de voir, l'action vivante de voir s'est transformée en état de mort. Narcisse a trouvé un moyen subtil de s'aveugler – en corrompant sa vision et en tournant son regard non pas sur le monde extérieur, ni sur lui-même, mais sur sa propre vision. Il a réussi à paralyser sa propre vision.

La Méduse Gorgone a subi un sort similaire. Son regard transformait ses victimes en pierres. Mais dans le bouclier de Persée, elle a vu ses propres yeux qui voyaient. Son regard glaçant s'est retourné contre elle et au lieu de figer Persée, elle s'est figée elle-même.

L'acteur commet exactement la même erreur en croyant que sa relation avec le monde extérieur est un état intérieur qu'il peut posséder. Ma vision n'est pas un bien précieux. Ma vision est une ressource essentielle que je partage avec tout ce que je vois. Le pauvre Narcisse gèle tous les ans dans les jardins au mois de mars ; quand nous nous sentons paralysés, nous pouvons nous rappeler son histoire. Quand nous sommes gelés, il ne sert à rien de nous apitoyer sur notre sort. Ce qui peut nous aider, c'est de voir les choses. Il est plus constructif de nous jeter sur une cible que de nous écouter nous-mêmes.

Les mythes d'Écho et Narcisse n'ont pas été inventés pour faire l'objet de jolies fresques. Cela dit, les histoires ne font jamais exactement ce que nous voulons, comme nous le verrons par la suite.

# Le deuxième choix inconfortable : liberté ou indépendance

Il est temps maintenant d'aborder le deuxième choix inconfortable : liberté ou indépendance.

À vous de choisir. Vous pouvez avoir l'un ou l'autre, mais pas les deux, parce que l'un doit détruire l'autre.

La liberté est tout ; l'indépendance n'est rien. L'indépendance découle de la peur. Le désir d'indépendance est courant. Nous ne voulons pas dépendre de ce qui risque de nous abandonner. Mais vouloir renoncer à toute forme de dépendance est une folie. Nous avons besoin du monde extérieur. Nous avons besoin d'oxygène, de nourriture, de stimuli. Nous avons besoin de cibles. La liberté est un mystère. Comme la présence, elle est donnée. Au plus haut degré d'oppression, nous garderons toujours une étincelle de liberté qui préserve notre humanité. Étonnamment, l'idée de liberté totale nous fait peur. Comme la présence, la liberté semble trop grande et effroyablement peu fiable. « *Je ne fabrique pas ma liberté, donc je ne peux pas la contrôler. Alors que tout ce que je fabrique, je peux le contrôler de façon à ce qu'il ne me quitte jamais. Donc je vais inventer une liberté artificielle, l'appeler « indépendance » et la mettre en laisse. Et elle fera tout ce que je veux.* »

Le savant Frankenstein s'est dit la même chose…

# Besoin et haine

De nombreux problèmes d'acteurs viennent d'un paradoxe simple qui est que souvent, nous haïssons ce que dont nous avons besoin. Les choses les plus utiles sont données ; mais nous craignons que les réserves s'épuisent. Par conséquent, nous rejetons ces dons et fabriquons des substituts. Au moins, ces répliques inférieures sont à nous parce que nous les avons créées. Et nos créatures n'oseraient jamais nous abandonner ou nous faire du mal… n'est-ce pas ?

La réalité a des comptes à rendre, donc en général, nous nous débrouillons pour ne pas y vivre. Nous ne pouvons pas contrôler la réalité, mais nous pouvons contrôler nos fantasmes. Sauf que nos fantasmes n'existent pas ; donc en réalité, nous ne contrôlons rien du tout. Mais l'illusion du contrôle nous rassure. Et le prix que nous payons pour ce réconfort est inouï.

# 4. UNE ISSUE

Toutes ces nouvelles ne sont pas très réjouissantes. Que peut tenter de faire l'acteur apeuré ? Malheureusement, « tenter de faire » pose déjà un problème. « Tenter » nous amène à la concentration et au... « *Je ne sais pas ce que je fais !* » Nous devons prendre le problème par un autre bout parce la Peur nous fait tourner en rond et nous rend de plus en plus aveugles au monde extérieur.

Les règles de la cible resteront debout même si vous essayez de les briser. Les règles sont là pour vous ; vous n'êtes pas là pour les règles. Vous pouvez essayer de les défier, mais vous ne pouvez pas les changer. Elles sont indépendantes de votre volonté ; et c'est seulement parce qu'elles sont séparées de vous, au dehors et libres, qu'elles peuvent vous aider.

Les voilà qui volent à votre secours.

Les règles sont inséparables les unes des autres, mais si un blocage survient, il est utile de se les remémorer une par une, afin de séparer chaque peur de ses innombrables répliques.

## 1. Il y a toujours une cible

En pratique, en quoi cette règle peut-elle aider un acteur bloqué ? Eh bien, elle signifie que malgré tous vos efforts, vous ne serez jamais seul. Même si vous abandonnez la cible, la cible ne vous abandonnera pas. Il existe une multitude de cibles au-dehors ; il suffit de les voir. Vous ne pouvez pas anéantir la cible ; vous ne pouvez pas détruire le monde.

## 2. La cible existe à l'extérieur et à une distance mesurable

Il y a toujours une distance mesurable entre vous et la cible. La cible et vous ne pouvez pas fusionner. Vous êtes séparés. Vous ne pouvez pas trouver la cible à l'intérieur de vous. Cette règle peut avoir un goût amer, mais elle est efficace, surtout quand notre intérieur nous semble obscur et désordonné. L'espace et le temps existent. La Peur ne peut pas les détruire. La Peur nous fait croire que l'espace et le temps sont nos ennemis. Et ils peuvent l'être en effet pour les personnages : Peut-être que Roméo et Juliette redoutent la séparation et rêvent d'une union totale irréalisable.

### Mauvaise nouvelle et bonne nouvelle

Voici un principe utile : une mauvaise nouvelle pour le personnage est toujours une bonne nouvelle pour l'acteur.

Par exemple, une distance spatiale sépare Juliette et Roméo. Au moment des adieux, Juliette a peut-être envie de s'accrocher à Roméo. Pour Irina, cette distance irréductible entre Juliette et Roméo est extrêmement bénéfique. Parce qu'Irina peut tendre les bras, encore et encore, pour retenir son nouvel amant. Cette distance inéluctable est l'ennemie de Juliette, mais l'alliée d'Irina. Juliette aura peut-être envie de réduire cette distance, Juliette aura peut-être envie de ne faire qu'un avec Roméo, mais elle ne le peut pas, et pas seulement à cause du balcon. Roméo est différent, séparé et par conséquent, incontrôlable. Juliette peut tendre les bras vers Roméo, essayer de réduire l'écart entre leurs corps et leurs esprits, mais Juliette échouera toujours. Ce qu'elle désire sera toujours hors de portée. Or la frustration de Juliette est l'espoir d'Irina. Pour Irina, au contraire, la distance est la meilleure nouvelle du monde, un espace essentiel qu'elle peut essayer d'enjamber encore et encore sans jamais y parvenir. Cette distance bénéfique est cruciale  car elle permet à Irina de laisser Juliette essayer autant qu'elle veut tout en sachant que Juliette n'arrivera jamais à ses fins.

Cette distance bénéfique fournit à l'acteur un obstacle à surmonter. S'il n'y avait pas d'obstacle, il n'y aurait pas de quête. Pas de quête = la mort. Chaque moment de vie renferme une part de quête. Irina peut s'appuyer sur cette règle invariable qui veut qu'il y ait toujours moi et l'autre et toujours entre nous deux une distance mesurable, changeante, mais impossible à combler.

Un autre principe mérite aussi d'être éclairci : L'acteur ne peut jamais accomplir ce que veut le personnage parce que le personnage ne peut jamais accomplir ce que veut le personnage. En d'autres termes, Irina aura beau jouer la scène de toute son âme, Juliette aura toujours un désir à assouvir et une distance à combler. Juliette n'obtient jamais tout ce qu'elle veut, n'atteint jamais son objectif, ne termine jamais son voyage. L'inachèvement et la séparation sont les ennemis du personnage, mais les meilleurs amis de l'acteur.

## Le point et le chemin

Nous avons beau essayer de nous rassembler, la création nous maintient séparés. Nous ne sommes pas soudés et nous ne le serons jamais. La Peur nous pousse souvent à croire que nous sommes unis. Il ne faut jamais oublier qu'une certaine distance nous sépare de la cible et que ce fossé ne pourra jamais être comblé. L'espace crée un écart, un écart bénéfique. Dès qu'il y a une distance, un chemin peut s'ouvrir.

Même les chemins les plus rudimentaires comportent deux points : le départ et l'arrivée – moi et là où je peux aller. La fusion fige ; la distance met en mouvement.

Comme le Dieu de la Genèse a séparé la lumière et les ténèbres pour créer le jour et la nuit, nous pouvons diviser le néant effrayant en deux points. Et à partir du moment où il y a deux points, il y a forcément un chemin que nous pouvons imaginer emprunter. Dès que nous nous mettons en mouvement, nous nous mettons aussi à respirer.

Croire en la distance nous aide à vaincre deux grands symptômes de la Peur : « *je ne peux pas respirer* » et « *je ne peux pas bouger* ». Ces deux fruits jumeaux de la Peur entreprennent de fabriquer de la peur. La Peur crée des franchises et des petites usines qui la reproduisent, comme un rétrovirus qui convainc la cellule protectrice de devenir destructrice.

## 3. La cible existe avant qu'on ait besoin d'elle

Nous ne pouvons pas créer de cible. La cible n'a pas besoin d'être créée. Quand nous nous sentons perdus, la cible attend déjà d'être trouvée. Comme nous l'avons vu précédemment, cela ne veut pas dire que la cible existe dans le passé. Rien n'existe dans le passé car le passé n'existe pas. Ce qui est rassurant, c'est que la cible est prête ; elle attend seulement que vous la voyiez. La cible est déjà là, à la surface ; elle n'est pas enfouie dans un endroit profond où seuls les plus intelligents savent creuser.

Quand on me demande ce que je voudrais manger demain, mes yeux se focalisent sur un point, se déplacent, se focalisent à nouveau à la recherche de ce qui est déjà là. Je n'ai qu'à le trouver. Je dois trouver la bière et la pizza de demain dans l'« ici et maintenant ». Je dois voir ce qui est déjà là. Ce que je vois est déjà là, je ne peux pas le fabriquer. Je ne peux pas non plus créer ou inventer ; je dois trouver.

## 4. La cible est toujours particulière

La Peur essaie de brouiller les contours de ce que nous voyons. La Peur efface les différences entre les choses. La Peur nous laisse entendre que nous n'avons pas intérêt à voir les choses trop clairement car nous risquerions de voir le croque-mitaine. Bien sûr, c'est un mensonge. La Peur nous fait craindre de voir le particulier parce que le particulier va l'affaiblir. Nous savons donc que ce que nous cherchons doit être particulier.

Si le visage de ce que nous craignons à des contours flous, nous devons rassembler nos forces et examiner ce flou effrayant.

Bizarrement, nous nous apercevons que le visage ne devient jamais plus net. Plus nous l'examinons, plus le visage se brouille pour éviter d'être observé et exposé. En effet, si nous osions analyser ce visage, il se désintégrerait dans nos mains tel un masque de poussière.

## 5. La cible se transforme sans cesse, et 6. la cible est toujours active

Comme nous l'avons vu, la cible doit changer sans cesse et la cible doit toujours être en action. Si elle ne change pas ou si elle est complètement immobile, c'est qu'elle est morte. Si elle ne peut pas bouger, ça n'est pas une cible. L'acteur bloqué sait donc que ce qu'il cherche doit être :

• particulier
• mouvant
• extérieur
• changeant
• actif
• dans l'attente d'être découvert
• à transformer

Irina peut donc réduire son champ d'investigation. Elle sait que ce qu'elle cherche ne peut pas être :

• général
• immobile
• intérieur

- constant
- passif
- à créer
- immuable

en somme tout ce que la Peur l'a poussée à attendre.

Mais que se passe-t-il si la cible semble disparaître ? Que se passe-t-il si la cible semble me laisser aux prises avec la Peur ? Si les six règles échouent, que reste-t-il à faire ? La Peur a donné au particulier l'apparence du général, elle a figé le mouvement et fondu toute distance spatiale ou temporelle en un nouvel alliage effroyable. Pire, la Peur a divisé le présent salvateur en un double trompeur : le passé et l'avenir. Que puis-je faire alors ?

Eh bien, vous pouvez copier la stratégie de l'ennemi. Si la Peur utilise la division trompeuse, pourquoi pas vous ? Vous devez d'abord trouver une cible, la « nuit » ou « l'avenir » ou Roméo – dans la panique, n'importe quoi fera l'affaire – et la diviser en deux. Ce sont « les enjeux ».

# 5. Les enjeux

Les enjeux constituent le meilleur moyen de sortir d'un blocage. L'acteur doit d'abord voir une cible et avant qu'elle disparaisse, cette cible doit être divisée en deux.

Comme nous venons de le voir, chaque moment de vie renferme une part de quête. Chaque créature vivante, à chaque instant de sa vie, doit faire face à une situation qui va soit s'améliorer, soit se détériorer. Cette amélioration ou cette détérioration peuvent être infinitésimales, mais il y aura toujours du mieux ou du pire. Ce qui est sûr, c'est qu'il y a du changement.

De même, Juliette est confrontée à une situation qui ne peut pas rester la même. Même si elle décide de quitter Roméo, de rester avec ses parents et de passer sa vie à rêver sur son balcon, son univers sera sans cesse en train de changer. Déjà, elle va vieillir. Même si elle espère tuer tout espoir et rester une petite fille pour toujours, elle ne peut pas empêcher le mouvement perpétuel des choses.

Pour vous, pour moi, pour le plus minuscule amibe et pour Juliette, il y aura toujours quelque chose à perdre et quelque chose à gagner. Tout ce que nous disons ou faisons a toujours pour but d'améliorer notre situation et de l'empêcher de se détériorer. Cette quête anime l'acteur.

Plus nous examinons la cible de près, plus nous constatons qu'elle se divise. En deux moitiés égales. La cible se divise toujours en l'issue la meilleure et l'issue la pire. Roméo se divise en le Roméo que Juliette veut voir et le Roméo que Juliette ne veut pas voir. Ses mots se divisent en les mots qu'elle veut entendre et les mots qu'elle ne veut pas entendre. Comme nous tous, Juliette vit dans un univers double : elle a une double vision. Juliette voit un Roméo qui la comprend et un Roméo qui ne peut pas la comprendre, un Roméo fort et un Roméo faible.

Les enjeux sont tellement importants qu'ils ont leur propre double règle. Cette double règle inflexible est la suivante :

1. À tout moment de la vie, il y a quelque chose à perdre et quelque chose à gagner.

2. Ce que nous avons à gagner est toujours de la même taille ce que nous avons à perdre.


## Le deux et le un

Il ne suffit pas qu'Irina dise que la situation est importante pour Juliette. Il ne suffit pas de dire que la vie de Juliette dépend de ce que Juliette va faire. Irina doit voir quels sont les enjeux. C'est très différent. Les enjeux ne sont pas vagues et confus ; les enjeux sont précis et ils viennent toujours par deux. L'acteur en difficulté doit absolument se souvenir de cette forme « en deux » et non « en un ». Par exemple, si Irina demande : « *Quels sont les enjeux de la scène ?* » et qu'elle répond : « *Je veux m'enfuir avec Roméo* », elle s'exprime « en un ». Cette réponse ne peut pas vraiment l'aider. Sans s'en rendre compte, elle a effacé le pan négatif. Cela peut donner l'impression de couper les cheveux en quatre. Mais à long terme, cette réponse « en un » risque d'embrouiller Irina. La quête de ce double, à la fois positif et négatif, est parfois source d'agacement et de frustration pour l'acteur, mais la friction entre le positif et le négatif est précisément ce qui peut provoquer l'étincelle.

L'enjeu ne peut pas être simplement :

« *Je vais m'enfuir avec Roméo.* »

Les enjeux sont :

« *Je vais m'enfuir avec Roméo
**et** je ne vais pas m'enfuir avec Roméo.* »

Le positif et le négatif sont tous les deux présents en même temps, la peur et l'espoir, le plus et le moins.

En effet, au lieu de demander : « *Quels sont les enjeux de la scène ?* » mieux vaut demander : « *Qu'est-ce que j'ai à gagner et qu'est-ce que j'ai à perdre ?* »

« *Ma nourrice me protègera
**et** ma nourrice me trahira.* »

« *Tout ira bien
**et** tout ira mal.* »

*« Si je montre à Roméo qu'il me plaît, il sera attiré par moi*
***et** si je suis trop directe, je le ferai fuir. »*

Il est encore plus constructif pour Irina d'essayer de voir à travers les yeux de Juliette :

*« Je vois un Roméo qui veut s'enfuir avec moi*
***et** je vois un Roméo qui ne veut pas s'enfuir avec moi. »*

*« Je vois un Roméo avec qui je veux m'enfuir*
***et** je vois un Roméo avec qui je ne veux pas m'enfuir. »*

*« Je vois un avenir avec Roméo*
***et** je ne vois pas d'avenir avec Roméo. »*

Les acteurs sont souvent paralysés parce qu'ils cherchent le « en un ». Or cette quête du « un » est perdue d'avance parce qu'il n'y a dans le « un » aucune magie salvatrice. La vie se présente sous forme de « deux » opposés. L'acteur qui simplifie, qui prend des raccourcis et qui agit « en un » risque de se retrouver bloqué. La règle du « en deux » est aussi simple que faire du vélo, mais tout aussi difficile à expliquer en mots.

Des exemples nous aideront à la comprendre. Il n'y a pas de nuit sans jour. Pas d'honneur sans honte. Et avouer son amour à quelqu'un est une chose terrifiante parce que la joie d'être aimé en retour est également proportionnelle à la peur d'être rejeté. Pour certains, cette idée semblera évidente ; pour d'autres elle paraîtra tordue et alambiquée. Nous ne parlons pas ici de révélation spirituelle ou de vérité. L'important, c'est que cette idée puisse aider l'acteur à avancer.

# La douleur

Pourquoi cette réticence innée à voir le monde « en deux » ? Une des explications est simple. Nous n'aimons pas la douleur. Nous n'aimons pas la douleur dans nos corps. Et nous n'aimons pas la douleur dans nos têtes. Or ces « en deux » procurent de la douleur. Par exemple, nous avons tendance à voir le bien dans les gens que nous aimons et le mal dans les gens que nous n'aimons pas. Cette vision du monde est plus confortable. Elle est fausse. Mais elle est moins douloureuse. Et nous sommes prêts à payer très cher pour notre confort.

Constater que les gens que nous aimons sont capables du pire et que ceux que nous détestons sont capables du meilleur est source de douleur. Mais pour nous approcher de Juliette, nous devons non seulement nous approcher de sa joie, mais aussi de sa douleur.

Ironiquement et malheureusement, un grand nombre de blocages surviennent quand l'acteur est conscient que les enjeux sont trop faibles. Les acteurs sentent tout de suite quand ils sont morts. Et ce sentiment de mort les fait paniquer. L'acteur essaie alors désespérément de « jouer des enjeux plus grands ». Si Irina sent que ce qu'elle fait n'est pas assez excitant, fascinant, passionnant, important, elle va essayer de rendre ses paroles et ses actes plus excitants, passionnants, fascinants, importants. Et beaucoup d'acteurs pensent que le meilleur moyen d'y parvenir est de se couper du monde extérieur et d'appuyer plus fort sur la pédale.

Cela donne lieu à ce « jeu forcé » qui fait que le public a souvent l'impression que les acteurs crient. Mais ces cris ne sont que des cris. « Le jeu forcé » n'est pas forcément sonore, mais il est aussi vain que le cri injustifié– il ne fait que nous casser les oreilles. Le jeu de l'acteur devient de plus en plus excessif et général et plus l'acteur sent que les enjeux s'effacent, plus il force le trait. Misère.

En réalité, l'acteur ne peut pas jouer les enjeux, dans le sens où les enjeux pourraient être créés par lui. Au contraire, l'acteur doit voir la dualité à l'extérieur : ce qu'il a à perdre et ce qu'il a à gagner. Rappelez-vous qu'à chaque fois que le mot « enjeux » est employé, il ne décrit jamais un état. Les enjeux sont toujours les deux directions d'un conflit. Il y a toujours quelque chose à perdre et quelque chose à gagner.

Même le titre de ce chapitre peut être trompeur. Même le mot « enjeux » est un faux ami s'il laisse entendre que l'enjeu est une chose unique.


## Le verre d'eau

Imaginons que la magie nous permette de servir le même verre d'eau à un millionnaire dans un restaurant et à un légionnaire au milieu du désert. Dire que le verre d'eau sera « moins important » pour l'un que pour l'autre est évidemment vrai, mais complètement inutile pour l'acteur. Car cela voudrait dire que les enjeux doubles ont été fondus en « un » seul.

Comment l'acteur peut-il séparer « l'en un » paralysant en un « en deux » dynamique ? Eh bien, les enjeux du légionnaire pourraient être : « *Le verre d'eau va-t-il se renverser ou non ?* » « *Quelqu'un va-t-il voler cette eau ou non ?* » Ce que le personnage fait dépend des enjeux qu'il perçoit. Ce qu'est le personnage dépend aussi des enjeux qu'il perçoit.

Le millionnaire verra peut-être très peu d'enjeux dans le verre d'eau. Il le remarquera peut-être parce qu'il a un peu soif ou pour mieux savourer son château Margaux : « *L'eau me rincera-t-elle le palais ou non ?* » Même si les enjeux sont faibles, si le millionnaire remarque l'eau, c'est qu'elle doit lui permettre de gagner ou de perdre ne serait-ce qu'un tout petit quelque chose.

La logique et la science s'accorderont à dire que la structure moléculaire de l'eau reste inchangée. Mais pour l'acteur, le verre d'eau change réellement de substance. Le légionnaire et le millionnaire voient deux verres d'eau différents.

Dans le jeu d'acteur, ce qui compte, ce n'est pas comment nous voyons les choses, c'est ce que nous voyons. Pour l'acteur, nous sommes ce que nous voyons.

## Une histoire de répétition

Imaginons que nous soyons en train de répéter *Macbeth*. À la fin d'une journée déprimante de travail infructueux, d'un coup, la vie surgit, la scène déborde de force et de danger, tout le monde est captivé : Macbeth a aperçu quelque chose d'effroyable et tous nos poils se dressent quand il crie soudain : « … *Texte !* »

Les enjeux montent en flèche ; l'espace d'un instant, nous entrevoyons la vraie vie, le vrai danger, tout ça parce que l'acteur a oublié son texte. Le bathos nous interroge : comment se fait-il que les enjeux d'une répétition soient plus grands que le complot d'assassinat du chef de l'état ? Le moment est absurde et nous rions – d'un côté les enjeux de la répétition sont disproportionnés, mais aussi, à l'inverse, ceux de l'assassinat. Ce genre de moment est utile car il nous montre combien nous sommes loin de l'endroit où nous devons être. Nous nous persuadons que nous jouons des enjeux énormes alors que nous sommes à des kilomètres de ce que la situation requiert.

## Déplacer le problème

Comme Irina va le découvrir, quand la panique s'installe, les enjeux augmentent pour elle, pour l'actrice ! Mais comme nous allons le voir, Irina peut réduire les enjeux pour elle-même en augmentant ceux de Juliette. Elle peut donc être doublement gagnante. Comment l'acteur peut-il transférer les enjeux sur le personnage ? Considérons alternativement deux individus : Juliette… et Irina. Une personne fictive et une personne réelle. Quels sont les enjeux pour l'une et pour l'autre ? Pour Juliette, les enjeux concernent principalement Roméo. Cet homme étrange va-t-il l'aimer en retour ou la condamner au désespoir ?

Pour Irina, les enjeux sont grands aussi, mais très différents ! Si Irina se sent bloquée, les enjeux concerneront son jeu d'actrice. En d'autres termes, au lieu de voir ce que Juliette a à perdre ou à gagner, Irina sera submergée par ce qu'Irina a à perdre ou à gagner. Par exemple, Irina jouera-t-elle bien ou mal ? Irina va-t-elle se ridiculiser ou non ? Encore une fois, les différences entre l'acteur et le personnage paraissent évidentes. Mais ces différences peuvent facilement être brouillées. Les enjeux d'Irina et de Juliette doivent être repérés et soigneusement séparés. Les enjeux d'Irina et de Juliette sont très différents. Comment Irina peut-elle faire pour réduire les enjeux d'Irina et augmenter les enjeux de Juliette ?

## Le voyage au travers

D'abord, l'acteur doit transférer tous les enjeux liés à ce que l'acteur voit dans ce que voit le personnage.

Parce que les enjeux de Juliette ne se situent pas à l'intérieur de Juliette. Ils se situent dans ce que Juliette voit. Donc Irina doit voyager à travers Juliette pour voir ce que Juliette voit dans le monde extérieur. Irina ne doit pas s'arrêter à l'intérieur du personnage. Elle doit voir à travers une Juliette transparente, voir de l'autre côté ce qui compte pour Juliette.

Ce qui compte pour Juliette, c'est Roméo. Donc Irina doit voir à travers Juliette quels sont les enjeux de Juliette par rapport à Roméo. Irina doit arrêter de regarder à l'intérieur de Juliette, parce que tout ce qu'Irina trouvera dans Juliette, ce sont les enjeux d'Irina ! Au lieu de regarder à l'intérieur du personnage, l'acteur doit voir à travers le personnage. La vision de l'acteur doit traverser le personnage comme s'il était transparent. Comme si le personnage était un masque.

L'acteur voit à travers les yeux du personnage. Ce n'est que si l'acteur voit les enjeux du personnage que le personnage sera vivant.

## Digression : des enjeux inégaux ?

La règle du double stipule qu'à tout moment de la vie, il doit y avoir quelque chose à perdre et quelque chose à gagner. La peur n'y peut rien changer. C'est une règle inflexible.

Nous ne pouvons pas prouver que ce que nous avons à perdre est égal à ce que nous avons à gagner. Mais l'idée peut servir. Pour des raisons pratiques, cette symétrie est le fondement de l'univers de l'acteur. Ne nous décourageons pas de ne pas trouver l'antonyme parfait, le contraire exact. La notion de symétrie est puissante, même si l'idéal ne peut jamais être atteint. Des expériences ont montré que la symétrie était le critère principal de la beauté d'un visage, même chez le tout petit enfant, pourtant aucun visage n'est parfaitement symétrique.

Parfois pourtant, les enjeux paraissent inégaux. Dermot est invité par Kevin aux courses hippiques. Fera-t-il un pari ? Dermot se prend d'affection pour un cheval fatigué baptisé « Improbable », dont la cote est de cent contre un. Il mise dix livres qui peuvent lui en rapporter mille. Quand Kevin demande : « *Comment tu te sens ?* » le parieur répond : « *Eh ben, j'adorerais gagner mille livres, mais je me fiche d'en perdre dix.* » Cela signifie-t-il que Dermot a beaucoup plus à gagner qu'à perdre ?

Non. En réalité, la symétrie est toujours présente parce que l'issue positive – la joie de gagner mille livres – est atténuée par son improbabilité, de même que le chagrin de la perte est atténué par la modicité de la somme. Les deux possibilités se valent.

Irina doit supposer que cette symétrie parfaite existe et tâcher ensuite de la trouver. Dans la recherche scientifique, il ne faut paraît-il jamais partir de la conclusion. Mais nous ne sommes pas des scientifiques. Comme dans la fission nucléaire, la division de l'un en deux libère l'énergie de l'acteur.


## Digression : les enjeux mouvants

Notre attention peut avoir tendance à se diriger vers l'enjeu le plus grand. L'enjeu est source d'angoisse et d'espoir, à des degrés parfaitement identiques. « *La fille de la bibliothèque va-t-elle me regarder aujourd'hui ou non ? Cela m'importe-t-il vraiment ?* »

Si non, je vais déplacer mon attention vers quelque chose de plus stimulant. Mais il existe une exception à cette règle. Parfois, si les enjeux sont trop grands, nous fuyons le monde réel. Quand l'ampleur des enjeux devient insupportable, nous nous détournons du réel et pour nous réfugier dans un monde imaginaire où des enjeux imaginaires remplacent les enjeux réels et où nous notre vie est plus confortable. Dans ce monde illusoire, nous pouvons exercer nos pouvoirs de prévision et de contrôle. Prenons l'exemple d'un père qui choisit de faire la vaisselle au lieu de s'occuper des problèmes de drogue de son fils. Il se persuade que le plus important pour lui est de s'assurer que la poêle est bien propre tandis que son fils fixe son café d'un œil vague. Le père ne peut que remplacer un ensemble d'enjeux par un autre. Cette dernière trace de sauce, vais-je réussir à la faire partir ou non ? Même le père en plein déni des enjeux réels doit créer dans son univers parallèle un nouvel ensemble d'enjeux.

Une des principales raisons qui nous poussent au théâtre est le désir de voir des gens confrontés à des enjeux extraordinairement grands. Le théâtre nous offre un cadre contrôlé où explorer des sentiments extrêmes. Dans nos vies personnelles, nous n'aimons pas que les enjeux soient si grands, mais nous sommes prêts à nous plier en quatre pour voir les autres faire l'expérience de ces pôles d'intensité. Nous sommes ainsi témoins de ce que nous n'osons pas vivre, dans le cadre protégé du groupe et le confort du faux-semblant.

La cible n'est pas la façon dont nous voyons les choses. La cible est ce que nous voyons. La cible divisée constitue les enjeux. À tout moment de la vie, il y a forcément quelque chose à perdre et quelque chose à gagner.

# 6. « JE NE SAIS PAS CE QUE JE VEUX »

La deuxième patte d'araignée est intimement liée à la première. « Ce que je veux » vient de la cible. Je dois voir quelque chose avant de le vouloir. « Ce que je veux » découle de ce que je vois. Ce que Juliette veut découle de ce que Juliette voit. Ce qui compte, c'est de voir ce que Juliette voit. « Décider de ce que Juliette voit » nous fait rater les étapes essentielles de la vision. « Définir ce que mon personnage veut » n'a rien à voir avec « voir ce que mon personnage voit ». Et cette différence est fondamentale pour l'acteur.

Comme nous l'avons vu, Irina doit jouer comme si elle était à l'intérieur de Juliette en train de regarder vers l'extérieur. Irina ne doit pas jouer comme si elle était à l'extérieur en train de regarder à l'intérieur. D'une certaine façon, définir « ce que Juliette veut » est une activité purement théorique. Or Juliette ne vit pas dans la théorie. Du point de vue de Juliette, le monde paraît très diffé-rent. Et Irina doit jouer qu'elle voit à travers les yeux de Juliette. Irina est une artiste. Irina ne prononce pas une conférence sur Juliette. Irina doit éprouver ce que Juliette éprouve. Irina doit voir ce que Juliette voit dans l'instant – sans le bénéfice du recul.

De toute façon, « vouloir » n'est pas toujours un verbe utile pour l'acteur. La question : « *Qu'est-ce que je veux ?* » sous-entend que je choisis ce que je veux, en d'autres termes, que je peux contrôler ce que je veux. Mieux vaut s'interroger sur ce qui nous manque ou ce dont nous avons besoin. Le mot « besoin » est bien plus utile à l'acteur :

- Irina peut jouer qu'elle veut embrasser Roméo

ou

- elle peut voir des lèvres qui ont besoin d'être embrassées

La deuxième option l'aidera sûrement davantage.

Comme nous l'avons vu, pour l'acteur, le désir provient de la cible et non de la volonté du personnage.

De nombreux personnages verront sûrement qu'ils n'ont pas le choix alors que les témoins extérieurs verront au contraire qu'ils ont le choix :

Rosalinde voit un Orlando qui a besoin d'être instruit.

Béatrice voit un Bénédict qui a besoin d'être ignoré.

Othello voit une Desdémone qui a besoin d'être étranglée.

## Vouloir et avoir besoin

« Avoir besoin » implique que la cible détient quelque chose dont nous ne pouvons pas nous passer, alors que « vouloir » laisse entendre que nous pouvons commencer et cesser de vouloir à notre gré. Je peux ouvrir et fermer le « vouloir » comme un robinet, le « besoin » m'allume et m'éteint à sa guise. Le « besoin » nous rappelle à bon escient que nous ne contrôlons pas nos sentiments. Commander un café ne répond pas nécessairement à de très grands besoins, mais à des besoins quand même. J'ai peut-être besoin d'un café pour me rassurer, pour guérir ma gueule de bois, pour passer le temps, pour m'occuper parce qu'au fond, l'inactivité me fait peur. Le simple fait de vouloir un café peut cacher tout un tas de besoins intéressants. En temps normal, nous préférons vouloir parce qu'en cas de refus, nous risquons moins l'humiliation. Si nous nous contentons de vouloir quelque chose, il ne sera pas trop honteux de ne pas l'obtenir, alors que si nous avons besoin de quelque chose et que nous ne l'obtenons pas, nous nous sentons humiliés. Le besoin n'aime pas sa figure et se sert souvent du vouloir comme d'un masque.

Il existe toujours une certaine dose de besoin. Au lieu de vouloir simplement prendre l'air sur le balcon, peut-être Juliette a-t-elle besoin d'air frais ou de calme après l'agitation de sa Nourrice ou bien de silence, loin du rangement de la fête. Elle exprime de sérieux besoins quand elle demande à Roméo de ne pas jurer par « *l'inconstante lune* ». Elle a besoin qu'il soit constant, mature et prévenant. Juliette place tellement d'enjeux dans la personne de Roméo qu'il devient faux de dire qu'elle veut simplement qu'il soit tout ce qu'elle énumère ; son avenir est en jeu. Ce dont Juliette a besoin surpasse largement ce qu'elle veut.

Le principal danger de la question : « *Qu'est-ce que je veux ?* » est qu'elle dénigre la cible. La question laisse entendre que je peux créer et contrôler mon désir à partir d'une sorte d'épicentre intérieur.

« Ce que Juliette veut » semble venir de ce que Juliette ressent à l'intérieur. Mais cette impression est forcément celle d'une personne qui regarde Juliette. De l'extérieur, il semble évident que Juliette est libre de choisir son destin. Depuis son premier rendez-vous avec Roméo jusqu'à ses derniers instants dans le tombeau. Mais Juliette aura sans doute l'impression que toutes ses décisions s'imposent à elle. Elle aime Roméo, quel choix a-t-elle ? Juliette a l'impression qu'elle n'a pas vraiment le choix.

## Digression : le choix

Quand nous disons de quelqu'un qu'il est « adorable » ou « irrésistible », nous taisons le fait que nous choisissons de les adorer ou de ne pas leur résister. La beauté est dans les yeux de celui qui regarde, dit-on. Mais pourquoi devons-nous le rappeler si souvent ? Parce que dans la réalité, nous l'oublions sans arrêt. Il n'y a pas de place pour le choix dans la vieille chanson de music-hall anglais « You Made Me Love You[2] ».

Mais ce qui est étrange, c'est que quand nous parlons d'une personne ou d'un personnage, nous nous demandons souvent pourquoi ils ont « choisi » telle option ou telle personne. Nous oublions facilement que dans des situations de crises comparables, nous étions convaincus que nous n'avions pas le choix. Au moment de lancer la Réforme, Martin Luther a déclaré : « *Je ne peux pas faire autrement* ». En réalité, il aurait pu faire un tas d'autres choses. Par exemple, il aurait pu ménager sa peine et rester un obscur moine allemand. Mais lui ne voyait pas les choses sous cet angle. Il était persuadé qu'il n'avait pas le choix. Luther a vu une Église catholique qui avait besoin d'être changée. L'Église corrompue ne lui a pas laissé le choix. Bien sûr, il était

---

2. Litt. « Tu m'as forcé à t'aimer » : chanson de Al Jolson chantée par de nombreux artistes, dont Bing Crosby, Aretha Franklin et Rufus Wainwright.

tourmenté par sa décision, mais au bout du compte, il a senti et vu que : « *Ich kann nicht anders* ».

D'un autre côté, une des raisons principales qui nous poussent à aller voir de grandes pièces de théâtre est pour voir des gens prendre des décisions qui vont changer leurs vies. Que se passe-t-il dans la scène du balcon ? Juliette prend la décision extraordinaire de défier sa famille et d'épouser Roméo. Et cette décision nous émeut. Mais quels sentiments cette décision provoque-t-elle à l'intérieur ? Que ressent Juliette à cet instant ? Si les enjeux sont faibles, nous avons l'impression d'avoir un large éventail de choix. « *Quel sorte de café voulez-vous ? Noir / au lait / expresso / cappuccino ?* » Vous pouvez changer d'avis autant de fois que vous voulez. Mais pour prendre une grande décision, Juliette ou Luther doivent imaginer qu'ils n'ont véritablement pas le choix. Vais-je épouser Roméo ou vais-je rester avec ma famille et épouser Pâris ? Le mariage avec Pâris est-il réellement une option ? Pour la Nourrice ? Oui. Pour Juliette ? Non. Pas après la scène du balcon. Juliette fait son choix en imaginant qu'il n'y a pas d'autre option possible.

L'être à l'agonie a souvent du mal à se décider. Comme le chat du proverbe de Lady Macbeth qui laisse « *je n'ose pas* » suivre « *je voudrais bien* » ou encore Hamlet et son « *être ou ne pas être* ». Tant qu'Hamlet a l'impression d'avoir le choix, il ne peut pas décider. Ce n'est que dans le dernier acte qu'il décide de tuer Claudius. Mais à ce moment-là, il a l'impression d'être arrivé à court d'options.

Avoir besoin et faire sont inséparables. Avant d'en finir avec le vouloir/besoin, nous devons nous intéresser au « faire » ou à « l'action ».

Le fait de seulement vouloir a tendance à diminuer les enjeux jusqu'à ce que la situation puisse être jouée de façon à la fois confortable et fausse.

# 7. Action et réaction

Les humains sont des animaux qui prennent les choses de façon personnelle. Un étudiant voit à la bibliothèque une jeune fille qui lit *Anna Karénine*. Si la jeune fille ne l'intéresse pas, son attention va automatiquement se tourner vers une autre cible. Mais plus son intérêt pour la jeune fille va grandir, moins il la verra en train de lire Tolstoï et plus il la verra activement en train de l'ignorer. En réalité, bien sûr, la jeune fille ne se rend probablement pas compte de son changement d'action. Le jeune homme tousse, la frôle en passant. Elle l'ignore toujours. Il veut changer l'action de la fille envers lui. La fille ne l'a peut-être même pas remarqué. Mais lui perçoit une indifférence hautement active – une indifférence qu'il doit changer.

La réaction vient après l'action, parce que la réaction est la conséquence de l'action. Comme l'a expliqué Newton : « *À chaque action, une réaction égale et opposée.* » En effet, tout ce que nous faisons est une réaction à un événement passé.

Nous avons vu que la cible n'était jamais passive ; la cible est toujours active. Toutes nos actions apparentes sont en fait simplement des réactions à des actions en cours de la cible.

Cela signifie-t-il que nous n'initions jamais rien ? Précisément. Et ce principe inquiétant est extraordinairement utile pour l'acteur. Quand j'ai l'impression d'initier quelque chose, en réalité, je suis seulement en train de réagir à autre chose. Je ne peux rien déclencher tout seul, tout ce que je fais doit être en réaction à autre chose qui s'est passé avant. Et quand je joue, ce « quelque chose qui s'est passé avant » est fondamental.

## L'acteur ne peut pas jouer dans le vide

Irina peut se sentir bloquée dès le début de la scène : « *Ô Roméo, Roméo, pourquoi es-tu Roméo ?* » Elle a pourtant une cible claire, sans doute un Roméo imaginaire. Mais pourquoi Juliette lui adresse-t-elle ces premiers mots ? Est-ce pour le taquiner ? Pour le séduire ? Pour le détruire ? Pour le recréer ? De nombreux choix intéressants s'offrent à Irina et tous sont liés à la cible. Mais l'idée de choix est réductrice par rapport à ce que nous vivons dans la vraie vie. Irina aura donc toujours intérêt à jouer une réaction.

Irina doit d'abord voir ce que ce Roméo imaginaire est en train de faire. Parce que c'est « ce que Roméo est en train de faire » qui pousse Juliette à agir. Juliette voit Roméo en train de faire quelque chose et elle essaie de changer ce qu'il fait. Ce Roméo imaginaire est-il en train de taquiner Juliette, de lui parler de son père, de lui expliquer qu'un Montaigu ne pourra jamais épouser une Capulet, de lui dire qu'il est fier de s'appeler Roméo Montaigu, ou bien de l'ignorer ou simplement de lui conter fleurette ? Que fait-il pour que

Juliette ressente le besoin de changer ce qu'il fait ? Que peut-il faire pour que Juliette s'écrie : « *Ô Roméo, Roméo, pourquoi es-tu Roméo ?* »

## Texte et réaction

« *Ce que nous appelons une rose / embaumerait autant sous un autre nom* » n'est pas une remarque horticole lancée dans le vide. Nous savons qu'elle a pour cible Roméo. Mais quel Roméo particulier ? Roméo le fils d'un Montaigu ? Cela n'est pas encore assez précis pour Irina. Irina doit voir ce que la cible est en train de faire précisément. Irina doit voir ce que Roméo est en train de faire pour que Juliette puisse réagir. Ici, il peut être utile pour Irina de voir un Roméo qui défend activement son identité afin que Juliette puisse réagir en disant : « *Ce que nous appelons une rose / embaumerait autant sous un autre nom* » afin qu'il arrête de défendre son nom de famille.

« *Ce n'est ni une main, ni un pied,*
*ni un bras, ni un visage, ni rien*
*qui fasse partie d'un homme.* »

À ce moment-là, Irina peut imaginer que Roméo prétend que son nom est comme une partie de son corps. Juliette se voit alors forcée de l'interrompre, de le contredire, de le transformer. Si Irina imagine que Roméo vient de déclarer : « *Mon nom est aussi important pour moi que mon corps !* » il devient plausible que Juliette se mette à énumérer différentes parties du corps pour changer le point de vue de Roméo.

En résumé, cela facilitera la tâche d'Irina de voir ce que Roméo est en train de faire. Laissons Irina voir l'action en train d'être jouée par Roméo.

L'acteur réagit à une action qui est en train d'avoir lieu ailleurs. L'acteur n'initie jamais une action totalement autonome. En d'autres termes : « *Je vois la cible qui joue une action, et en réaction, j'essaie de changer l'action de la cible.* »

Cette construction peut sembler compliquée, mais elle est d'une grande aide pour Irina quand celle-ci monte sur le balcon avec l'impression d'avoir un choix terrifiant d'émotions à exprimer ou d'états à atteindre. Laissons Irina voir l'action qu'elle doit changer. Laissons Irina renoncer à être créative et à imaginer une infinité de choses excitantes à faire. Il sera bien plus utile pour elle de s'appuyer sur sa curiosité, d'ouvrir les yeux et de voir ce qui se joue déjà hors d'elle et qu'elle ressent le besoin de transformer.

## Roméo

Laissons Irina se reposer un instant et intéressons-nous à Alex qui joue Roméo et qui a aussi l'impression d'être coincé.

« *Voilà l'Orient et Juliette est le soleil !* » Alex s'adresse directement au public. Il essaie péniblement d'être sincère, mais il force et force sans arriver à rien. Plus il essaie d'insuffler des sentiments héroïques dans ses paroles, plus il se sent nul. Bien sûr, si Alex se sert de cette réplique pour décrire ce qu'il ressent, il va se bloquer. L'acteur qui décrit ne fait que montrer et se répandre. Mais il a un autre problème qui est qu'il est persuadé que la réplique parle de son amour pour Juliette. La réplique renvoie effectivement à Juliette, mais elle ne peut être qu'« à propos » de ceux à qui il s'adresse.

Donc la réplique doit être « à propos » du public. Le public doit être en train de faire quelque chose qu'Alex veut changer. Que Roméo peut-il bien voir pour dire : « *Voilà l'Orient et Juliette est le soleil !* » ? Peut-être voit-il un public terne et blasé.

Il voudrait alors éveiller les imaginations terre à terre pour que la foule puisse apprécier pleinement la splendeur de Juliette. Donc bien que cette réplique air l'air d'être « à propos » de Juliette, en réalité, ça n'est pas le cas. Roméo essaie de changer la façon dont le public perçoit Juliette, ce qui n'est pas du tout la même chose.

L'indépendance créative d'Alex ne l'aidera jamais autant que le fait de voir un public en train d'affirmer : « *Nous ne voyons rien d'extraordinaire. Nous ne voyons qu'une jeune fille sur un balcon. Rien de plus !* » Roméo doit ainsi changer l'avis du public : « *Voilà l'Orient (êtes-vous aveugles ?) et Juliette est le soleil !* »

Encore une fois, la réplique n'est certainement pas une description de Juliette. L'image de l'Orient et du soleil n'est pas « à propos » de Juliette. Si Alex joue la réplique en « parlant » de Juliette, son énergie lui sautera dans l'œil comme un élastique. L'image « parle » de ce à quoi ou à qui il s'adresse. Tout texte est un outil visant à changer ce que la cible est en train de faire.

Les mots de Roméo sont une réaction à ce qu'il voit le public en train de penser. Alex doit donc travailler sur ce que Roméo imagine que le public pense. Nous parlerons de ce travail de façon plus concrète dans l'exercice du pré-texte, chapitre 17.

Ce que nous disons ne parle jamais de ce dont nous parlons ; ce que nous disons parle de ce à qui ou à quoi nous nous adressons. Ce que nous disons est un outil visant à transformer nos auditeurs.

## L'homme d'affaires étourdi

Un homme d'affaires fouille dans son appartement à la recherche de son passeport. L'acteur qui joue cette situation aura peut-être l'impression qu'il doit créer quelque chose alors qu'en fait, il ne peut jouer qu'en réaction à ce qu'il voit. Cela veut dire que la cible changeante – son passeport, sa valise, les tiroirs de sa commode – est déjà en train d'accomplir une action. Comme nous l'avons vu, tout ce que l'acteur fait – jeter ses vêtements par-dessus son épaule, etc. – est simplement en réponse à cette action en cours. Mais qu'est-ce que ce petit passeport passif peut-il bien faire ?

Eh bien, le passeport peut être activement en train de se cacher. Ou du moins, c'est ce qu'il peut sembler à l'homme d'affaires. Cela peut paraître fou de loin, avec le calme du recul, mais ce genre de paranoïa n'est pas si absurde quand les minutes défilent, que le taxi klaxonne dehors et que vous retournez vos poches pour la millième fois.

Au fil des secondes, les enjeux augmentent et l'homme d'affaire devient de plus en plus énervé et désespéré. Cet état émotionnel ne peut pas être joué. Ce qui peut être joué, c'est la réaction de l'homme d'affaire à ce qu'il voit. Et que voit-il ? Un monde horripilant qui fait exprès de le rendre fou ! C'est de la faute de la personne qui a rangé, c'est de sa faute à lui, de sa désorganisation grandissante, du coussin qui cache le passeport, du porte-documents trop plein, de l'univers hostile qui complote pour lui faire rater son avion.

Tout ce qu'il fait – sortir les tiroirs, vider ses poches, secouer ses livres – a l'air actif pour un observateur extérieur. Mais, comme nous l'avons vu, il est plus pratique pour l'acteur de voir à travers les yeux du personnage, comme si l'homme d'affaire était une lunette. De son côté, l'homme d'affaires voit un univers exaspérant, borné et tout puissant. Et dans cet univers, rôde un petit passeport vengeur, ou une femme de ménage écervelée ou un coussin gênant ou une poche emberlificotée. La fouille frénétique n'est pas l'action initiale, mais simplement une réponse à un ensemble de cibles hautement actives.

Le passeport se cache ; l'homme essaie de le trouver. Le klaxon du taxi le presse ; il crie au chauffeur d'attendre. L'univers l'irrite ; il essaie donc de le contrôler. Il voit la cible en train d'agir sur lui et il essaie de contrôler, d'atténuer ou de s'adapter à ce qu'elle fait.

La réaction du personnage consiste à changer l'action préexistante de la cible dirigée vers le personnage.

## La réaction divisée

Si j'ai toujours quelque chose à perdre et quelque chose à gagner, alors en toute logique, ce que je fais doit aussi être divisé en deux. Ainsi je dois toujours être en train d'essayer de provoquer ce que j'espère et en même temps, je dois toujours être en train d'essayer d'empêcher ce que je redoute. Un exemple élucidera ce point.

## La bombe désamorcée

Mettons qu'Alex doive manquer des répétitions pour tourner un film. Il joue un démineur chargé de désamorcer une bombe dans un film de guerre. C'est sa grande scène. Le réalisateur a très peu de temps et lui dit seulement : « *Tu rampes là-dedans, voilà tes outils, voilà les pinces et voilà la bombe.* » Alex peut se préparer en se répétant ce qu'il doit faire : « *J'essaie de désamorcer la bombe et j'essaie de ne pas me faire sauter avec.* » Très bien. Il serait absurde qu'il se demande : « *Des deux actions, laquelle est-ce que j'essaie d'accomplir à ce moment-là ? Désamorcer la bombe ? Ou sauver ma peau ?* » La réponse est forcément les deux. « *Mais précisément, qu'est-ce que je fais à quel moment ? Là, est-ce que j'essaie de désamorcer la bombe ? Ou est-ce que j'essaie d'éviter de me faire sauter ? Lequel des deux ?* » La réponse sera encore : « *Les deux à la fois.* » Toutes ces questions appellent une réponse sous forme de notre vieil ennemi « en un » et induisent Alex en erreur.

Laissons plutôt Alex voir la bombe à travers les yeux de l'expert. L'expert connaît les menus détails des fils et des ressorts et Alex doit avoir fait des recherches. Quel fil est relié à quoi ? Au lieu de chercher à savoir ce qu'il veut obtenir des fils, Alex doit se demander : « *Qu'est-ce que je vois ?* » Et il verra alors en double. « *Ces pinces tremblantes vont-elles me sauver ou me projeter dans l'éternité ?* »

## Penser en doubles

Irina a aussi intérêt à penser en doubles, comme suit :

* « *J'essaie d'instruire Roméo et j'essaie de ne pas l'embrouiller.* »
* « *J'essaie de séduire Roméo et j'essaie de ne pas le rebuter.* »
* « *J'essaie d'amuser Roméo et j'essaie de ne pas l'effrayer.* »
* « *J'essaie de comprendre Roméo et j'essaie de ne pas le comprendre de travers.* »
* « *J'essaie de mettre Roméo en garde et j'essaie de ne pas minimiser la situation.* »
* « *J'essaie de dire la vérité à Roméo et j'essaie de ne pas lui mentir.* »

Encore une fois, les mots que nous employons pour décrire ces réactions divisées sont maladroits, mais, comme nous le savons, la symétrie n'est qu'une idée utile. Ce qui importe, c'est que plus j'essaie de faire quelque chose, plus j'essaie en même temps de ne pas faire autre chose, et ce en proportions parfaitement égales. Quand les enjeux augmentent, ce phénomène devient très clair.

Une fois que nous avons accepté la dualité des enjeux, la réaction divisée devient évidente et inévitable. Elle est utile parce que quand nous sommes bloqués, la division de nos actes libère de l'énergie, comme dans la fission de l'atome. La réaction divisée éclaircie, affine et précise ce que l'acteur voit.

Il est faux de dire que l'acteur ne peut pas jouer deux choses à la fois. Nous jouons toujours deux choses à la fois. Mais ces deux choses sont extrêmement spécifiques et précisément opposées. Nous sommes obligés de jouer en doubles parce qu'il y a toujours quelque chose à perdre et quelque chose à gagner.


## Digression : N'y a-t-il que du conflit ?

Il doit bien y avoir des exceptions à cette friction perpétuelle ? Ces enjeux ne sont-ils jamais nuls ? N'y-t-il jamais de paix ? Prenons une expérience plus sereine. Imaginez que vous aperceviez un bouleau au mois de mai. Le tremblement de ses feuilles frissonnantes vous apaise. Vous profitez du repos que l'arbre vous offre. Si vous ressentez une paix profonde en voyant les feuilles trembler sous les rayons dorés du soleil, où est le problème ? Mais cette attention n'est pas un état que vous pouvez posséder. Je pense que la plupart des gens qui ont fait l'expérience du ravissement seraient les premiers à déclarer que ce moment d'harmonie parfaite est toujours éphémère. L'état est instable ; il se dissout inévitablement. « *S'il vous plaît, laissez-moi être heureux pour toujours ! Je vous en prie, faites ce que sentiment ne s'arrête jamais.* »

## La friction vivante

La vie est faite de « deux » inconfortables et non de « uns » rassurants. Les énergies conflictuelles de la cible déterminent nos sentiments et nos actes. L'action est ce que la cible est en train de faire. Ma réaction est la façon dont j'essaie de changer la cible pour qu'à la place, elle réponde à mes besoins.

À tout moment, j'ai quelque chose à perdre et quelque chose à gagner. Quelque chose que j'ai besoin d'obtenir et quelque chose que je dois éviter. Quelque chose que j'ai besoin de faire et quelque chose que je dois éviter de faire. Une issue que j'ai besoin d'atteindre et une issue que je dois éviter. Un effet que j'ai besoin de produire et un effet que je dois éviter de provoquer.

## Tout ce qui ne bouge pas est mort.

Tout être vivant est en flux perpétuel parce que toute vie est mouvante. Je ne parle pas ici d'une sorte de mouvement général. Le mouvement vivant peut sembler aléatoire alors qu'il ne l'est jamais. Le flux est précis et généré par des contraires, tout comme l'électricité naît du déplacement des charges positives et négatives. Un personnage n'est pas un point précis, mais plutôt une série de voyages dans des directions opposées. Mais ces voyages contraires suivent des chemins bien tracés.

Quand ils comprennent qu'ils doivent jouer ces doubles, les acteurs réussissent souvent à libérer de grandes quantités d'énergie. Les doubles ne sont pas seulement logiques, ils aident.

# 8. « Je ne sais pas qui je suis »

« *Qui suis-je ?* » est souvent la première question que l'on pose quand on créé un personnage, mais elle est souvent inutile. Répondre à la question « *Qui suis-je ?* » est le travail de toute une vie pour n'importe quel individu et en effet, plus nous nous découvrons, plus nous comprenons que nous ne nous connaissons pas du tout. Si nous ne sommes pas capables de répondre à cette question à propos de nous-même, comment pourrions-nous y répondre au sujet de quelqu'un d'autre ? « *Qui suis-je ?* » est une question aussi vertigineuse que l'Everest ; elle ne peut guère aider l'acteur dans la courte durée des répétitions.

Pire, l'air innocent du « *Qui suis-je ?* » cache un anesthésiant puissant. Pourquoi ? Parce que la question appelle encore une réponse « en un ». « *Qui est Juliette ?* » La fille d'un aristocrate de Vérone ? Une fille de quatorze ans ? La fiancée de Pâris ? Chacune de ces réponses, aussi juste soit-elle, est statique. Chacune de ces réponses peut paralyser l'acteur parce qu'aucune description « en un » ne met en mouvement.

Irina a besoin de réponses vivantes. Elle a besoin de questions qui appellent des réponses changeantes.

## Un flux entre deux pôles

Quelles questions pourraient aider Irina ? « *Qui préférerais-je être ?* » est plus utile parce qu'elle appelle une réponse mouvante. « *Qui préférerais-je être ?* » est encore plus utile quand elle est accompagnée d'un contraire proche comme : « *Qui ai-je peur d'être ?* »

Donc Juliette pourrait commencer simplement par : « *J'aimerais être la femme de Roméo, j'ai peur de devenir la femme de Pâris.* » Et de là : « *J'aimerais être aimée de Roméo et j'ai peur d'être trahie par Roméo.* »

## Transformation

Une remarque très simple, mais fondamentale, à ne jamais oublier au sujet du personnage : L'acteur ne peut pas se transformer. Ça n'est pas si évident qu'il y paraît. Parfois, les acteurs se reprochent de n'avoir pas accompli de « transformation ». Mais la quête de transformation est aussi vaine que la quête de perfection. Il faut tordre le cou une bonne fois à l'idée de transformation. Nous ne pouvons pas nous changer et nous ne pouvons pas nous transformer. Nous restons immobiles, il n'y a que les cibles qui bougent.

La seule chose que nous pouvons transformer est la cible. Et la cible se transforme sans cesse.

Bien sûr, Juliette change au cours de la pièce. Mais Irina ne peut pas dépeindre ce changement. Irina ne peut pas directement montrer la transformation de Juliette, mais elle peut se souvenir de la cinquième règle qui est que la cible se transforme sans cesse. Donc bien qu'Irina ne puisse pas faire changer Juliette, elle peut voir, à travers les yeux de Juliette, tout ce qui semble changer autour d'elle. Par exemple, Irina peut voir les métamorphoses du lit de Juliette. Irina sera plus libre si Juliette voit :

• Le lit dans lequel elle se réveille avant le bal.
• Le lit dans lequel elle essaie de s'endormir après la scène du balcon.
• Le lit dans lequel elle fait l'amour avec Roméo.
• Le lit qu'elle devra peut-être partager avec Pâris.
• Le lit dans lequel elle boira la drogue.

Ces lits changent au fil de la pièce. Irina ferait mieux de laisser le lit se transformer au lieu d'essayer de transformer Juliette. Cela aidera Irina davantage de voir que Juliette ne change pas au cours de la pièce, mais que le lit, oui.

## Se voir changer

Comme nous tous, Juliette ne peut pas se transformer elle-même. Mais elle peut évidemment se rendre compte qu'elle a été transformée. À l'instant où nous comprenons que nous avons (été) changé(s), nous prenons de la distance par rapport à nous-mêmes – Je vois que je ne suis pas furieux alors qu'avant, dans cette situation, je l'aurais été – Je vois que ça me rend triste alors qu'autrefois, ça m'aurait fait rire. Je dois avoir un certain recul sur moi-même pour constater que j'ai été changé.

*« Ah ! Je voudrais rester dans les convenances ; je voudrais, je voudrais nier*
*ce que j'ai dit. Mais adieu les cérémonies ! »*

Juliette voit peut-être qu'elle a été transformée au cours de la soirée. Peut-être qu'autrefois, elle aurait respecté les convenances et masqué toutes ces émotions. Peut-être existait-il autrefois une Juliette socialement accomplie ou du moins raisonnable. Cette Juliette est morte pour laisser place à une nouvelle Juliette plus animée. Irina a intérêt à guetter les moments où Juliette se voit elle-même plus clairement. Mais si elle essaie de montrer quoi que ce soit à propos de Juliette, elle ne produira qu'un exposé sur l'évolution du personnage du type : « *Là, elle est jeune et innocente, là, elle est libérée sexuellement et transformée par l'amour, là, elle est en deuil.* » Ni l'acteur, ni le metteur en scène, ni l'auteur ne peuvent complètement maîtriser les perceptions du public. Ils peuvent essayer de représenter un changement, de montrer en quoi le personnage est transformé. Mais au final, cette démonstration sera fausse. Même vouloir activement se transformer soi-même est périlleux. Tout ce que nous pouvons faire, c'est voir plus clairement, plus attentivement, dans le présent. Alors le changement pourra nous arriver. Mais en aucun cas nous ne pouvons contrôler le changement.

Surtout, Irina doit se rappeler que le public n'est pas venu voir Juliette. Le public est venu voir Irina. Plus précisément, le public est venu voir ce qu'Irina voit. Irina ne doit pas chercher à se transformer. Ce serait non seulement malhonnête vis à vis du public, mais surtout un affront envers sa propre création.

# Digression : l'état et la transformation

Quand la vie jaillit en répétition, nous sommes tout à coup complètement euphoriques. Cette énergie traîne une excitation dans son sillage. La vie a surgit et Irina se sent heureuse. Tout a l'air simple et une vague de soulagement envahit la salle.

Pourtant, Irina connaîtra aussi la joie d'arriver en répétition le lendemain en sifflotant, impatiente de revivre ce moment palpitant, et la déception amère de ne pas y parvenir. Le même passage est mort ; il n'en reste qu'une coquille vide et malgré tous ses efforts, Irina n'arrive pas à se rappeler ce qu'elle avait fait pour atteindre cet état. Sauf que ça n'était pas un état. Ça ressemblait peut-être à un état mais en réalité, c'était une direction. Et elle venait de la cible et non d'Irina. Irina a reçu de la vie et ensuite, elle a cru qu'elle l'avait créée elle-même. Peut-être a-t-elle cru qu'elle l'avait gagnée à force de travail. Mais la vie n'est pas comme l'argent. Nous pouvons gagner de l'argent ; nous ne pouvons pas gagner de la vie. Elle survient, c'est tout.

La vie échappe à notre contrôle et nous n'aimons pas beaucoup ça. La vie peut nous lâcher à tout moment ; et nous n'aimons franchement pas ça. La vie ne peut pas être créée ; et ça ne nous plaît pas beaucoup non plus. Une énorme partie de nos structures de pensées, de paroles et de récits cherchent à déguiser ces réalités inconfortables.

Nous ne pouvons jamais créer la vie. Nous permettons à la vie de nous traverser en ne nous rendant pas aveugles à la cible. Dans tous les cas, si la vie survient, elle survient quand elle le décide – dans un moment de grâce. La vanité a beau nous persuader du contraire, nous ne fabriquons jamais de la vie. Si nous avons l'impression que nous sommes en train de créer quelque chose, notre jeu ne sera pas vivant. Nous pouvons seulement voir la vie qui attend de couler. Nous ne pouvons même pas essayer de faire circuler la vie. Nous pouvons seulement faire en sorte que la vie n'arrête pas de circuler.

L'état de vie n'existe pas. L'état de grâce non plus. Nous pouvons espérer retourner à un moment vivant en nous rappelant comment nous y sommes arrivés. Alors peut-être que la vie nous exaucera. Elle le fait souvent, mais ce n'est pas nous qui décidons. Nous n'y sommes pas arrivés par un effort de volonté. Nous y sommes arrivés en voyant.

## Le troisième choix inconfortable : voir ou montrer

Nous pouvons soit montrer soit voir, jamais les deux, parce que l'un doit forcément détruire l'autre. En jeu, montrer est comme une sorte de police d'assurance qui garantit que le public va « comprendre » ce que nous ressentons. C'est la catastrophe assurée. En montrant au public ce qu'elle ressent pour Roméo, Irina signe son arrêt de mort.

Voir s'intéresse à la cible, montrer s'intéresse à moi-même. Montrer ne s'intéresse à la cible qu'en apparence. Montrer est une fausse ouverture de soi parce qu'en montrant, nous cherchons à contrôler la perception des autres. Si Irina essaie de nous montrer quelque chose à propos de Juliette, ce sera comme si elle écrivait un essai sur le personnage ou jouait du violon pour souligner son propre jeu.

## Jouer et feindre

Dès que nous montrons, nous feignons. Et feindre n'est pas jouer. Parfois, la différence est très claire, parfois plus subtile.

Il y a des choses qui ne peuvent pas être jouées, seulement feintes. Les états ne peuvent pas être joués. Par exemple la mort ou le sommeil. On ne peut pas jouer qu'on est endormi. On peut faire semblant de dormir. On peut montrer qu'on est endormi. On peut jouer qu'on est en train de s'endormir. On peut jouer qu'on lutte contre le sommeil. Par contre, on peut jouer qu'on fait un cauchemar parce que quand on rêve, le cerveau oscille à la lisière de la conscience. On peut jouer tout ce qui est conscient, donc on peut jouer des sursauts de conscience. Tout le reste devra être montré. Parfois, nous sommes obligés de jouer que nous sommes morts. Ça n'est pas vraiment jouer. C'est autre chose, mais c'est parfois tellement indispensable, théâtralement, pour le public, que nous le faisons. Or bien feindre d'être mort ou de dormir est une tâche très difficile !

Il n'est pas facile d'expliquer la différence entre jouer et feindre. Mais ce n'est pas parce que nous avons du mal à trouver les mots pour décrire une chose qu'elle n'est pas importante.

Évidemment, le jeu d'acteur n'est pas que conscient. Cependant, la part inconsciente du jeu se trouve dans le travail invisible, comme nous le verrons par la suite.

## Les visiteurs

Il peut être utile pour Irina de se rappeler que rien de vraiment précieux ne peut être possédé. La vie. L'amour. La grâce. Nous ne pouvons ni les créer ni les posséder. Plus nous restons ouverts, plus ces visiteurs respirent à travers nous, avec nous et en nous.

Irina ne peut pas se transformer en Juliette. Elle ne peut pas atteindre l'état de Juliette, une sorte de plateau immobile correspondant au personnage de Juliette. Elle ne peut pas posséder Juliette. Et si elle se reproche de ne pas réussir à « devenir » Juliette, elle se bloquera. Si elle essaie de se métamorphoser, elle mourra artistiquement. Elle finira par se contenter de montrer Juliette.

Nous ne pouvons pas volontairement changer d'état. Quand nous nous concentrons pour nous transformer, nous tombons dans la simple démonstration. Le changement nous arrive ; mais nous changeons uniquement quand nous voyons plus clairement les choses telles qu'elles sont. Il s'agit d'un changement de direction. Quand nous voyons les choses telles qu'elles sont, un réajustement s'opère naturellement. Le changement, la transformation, la métamorphose sont indépendantes de notre volonté. La règle impondérable est que dès que nous essayons d'être quelque chose, nous nous contentons de montrer.

Irina ne peut que faire ce que Juliette fait, et elle n'y parviendra que si elle voit ce que Juliette voit. Comme nous l'avons vu, le voyage d'Irina à l'intérieur de Juliette n'est pas tel qu'il y paraît. Ce n'est rien moins qu'un voyage à travers Juliette pour découvrir ce qui est en jeu pour Juliette dans ce que Juliette voit.

À travers le jeu de l'acteur, le public voit le monde que l'acteur voit, la cible particulière que l'acteur voit, et les enjeux inexorablement doubles. La simple virtuosité ne donne à voir que l'intelligence et l'habileté de l'acteur. Le potentiel de l'acteur dépasse la simple virtuosité. Ses sens et son imagination sont une lunette à travers laquelle nous pouvons voir un univers infini.

## Théorie et spéculation

On ne peut pas expliquer pourquoi le jeu d'un acteur est vivant parce qu'on ne peut pas expliquer la vie. On ne peut expliquer que ce qui est mort. Or le blocage est en grande partie une construction morte, comme n'importe quelle vieille idéologie, c'est d'ailleurs pour ça qu'on peut facilement l'expliquer. Nous voici face à un paradoxe exaspérant. Quand le jeu est libre, tout paraît simple ; quand le jeu est bloqué, tout a l'air compliqué.

Par exemple, le blocage peut être provoqué par une pensée fugace comme : « *Est-ce que ça aura l'air moche si je pose ma main comme ça sur la rambarde du balcon ?* » Si Irina tente de répondre : « *Je crois que ça a l'air joli / affreux* », non seulement elle ouvre la porte, mais elle saute à pieds joints dans le seul endroit sur lequel la porte ouvre, c'est-à-dire  « la maison » ; or la maison n'est jamais sûre.

Pour prendre le problème autrement, la question ne peut donner lieu qu'à de simples conjectures parce que nul d'entre nous ne peut jamais savoir de quoi il a l'air. Nul d'entre nous ne peut jamais être sûr de l'effet qu'il produit. Par conséquent, nous demander de quoi nous avons l'air ne peut donner lieu qu'à des conjectures, or la conjecture est forcément théorique. Donc quand Irina répond en se disant : « *Je crois que j'ai l'air stupide* », elle théorise.

Donc Irina intellectualise et échafaude des structures, ce qui finira par étouffer l'étincelle de vie qu'elle essaie de préserver. Irina n'a peut-être pas du tout l'impression d'intellectualiser. Quand nous trouvons que nous avons l'air idiot, nous n'avons pas l'impression d'être dans la théorie, mais la panique est toujours issue de la théorie. La question « *De quoi j'ai l'air ?* » paralyse l'acteur. Le jeu vivant n'a rien à voir avec la théorie intellectuelle. Mais le jeu bloqué trouve toujours ses origines dans la théorie.

Irina doit pénétrer les sens de Juliette, voir, toucher, entendre, sentir, goûter et percevoir l'univers changeant que Juliette habite. Elle doit renoncer à tout espoir de se transformer un jour en Juliette, ou de nous montrer Juliette, et à la place, s'atteler à la tâche miraculeuse et réalisable qui consiste à voir et à bouger dans l'espace que Juliette voit et occupe.

Aucune description d'être humain n'est vraie. L'acteur se sentira plus libre s'il imagine des contradictions dynamiques. Même si nous essayons de redéfinir et de dépouiller la notion de « personnage », elle nous renvoie toujours une bouffée de permanence. Toute prétention à être à la fois vivant et fixé est un mensonge dangereux et il est donc plus sage d'admettre qu'il n'y a pas de personnage. Fixer le vivant reviendrait à demander à un papillon épinglé dans un cadre de voler.

Je peux voir des choses ou essayer de contrôler la façon dont les choses me voient. Je ne peux pas faire les deux à la fois. Qui je suis est ce que je vois.

# 9. LE VISIBLE ET L'INVISIBLE

Qui que je suis dépend des cibles que je vois. Nous voyons tous des cibles différentes.

Dans la vie, l'expérience modifie les cibles que nous voyons. Juliette voit un Roméo et Tybalt voit un autre Roméo très différent. Le légionnaire et le millionnaire voient des verres d'eau très différents. Comment l'acteur se prépare-t-il à voir des cibles différentes ? Comment Irina peut-elle s'assurer que la lune qu'elle verra sera celle de Juliette et non celle d'Irina ? La cible particulière se prépare et s'affine au cours du travail invisible.

## L'esprit visible et invisible

L'esprit visible est la partie du personnage que l'acteur peut jouer ; l'esprit invisible est la partie qu'il ne peut pas jouer. Je peux me diviser en deux personnes séparées : le « moi » que je vois et le « moi » que je ne vois pas. Ces deux « moi » sont essentiels : ils ne peuvent exister l'un sans l'autre. Comment l'acteur peut-il créer cette partie invisible ? Eh bien, l'acteur ne peut pas directement créer l'esprit invisible du personnage. Tout ce qu'Irina peut faire, c'est se préparer à jouer.

L'équipe de rugby ne peut pas créer le match. Les joueurs ne peuvent pas prédire son issue, ni décider de son déroulement. Mais l'entraîneur et l'équipe peuvent se préparer. L'entraînement n'a pas de durée définie, mais le match est chronométré. L'entraînement n'obéit pas à des règles, le match, oui. L'équipe ne peut pas être sûre qu'elle va bien jouer, mais elle peut se mettre dans les meilleures dispositions pour bien jouer.

En soi, aucune règle absolue n'impose à l'équipe de s'entraîner. Après un mois passé sur la plage à fumer et à boire, l'équipe réussira peut-être à envoyer gracieusement le ballon entre les poteaux. À l'inverse, l'équipe peut travailler jour et nuit, enchaîner mêlées et plaquages, coups francs et touches et le jour J, déployer un jeu catastrophique. Une seule chose est sûre : l'équipe qui s'est bien entraînée a plus de chances de bien jouer.

De même, Irina ne peut pas être sûre que la représentation sera bonne. Elle ne peut pas garantir qu'elle jouera bien. En effet, nous devons tous accepter de ne pas nécessairement produire du bon travail. Irina peut se préparer, répéter pendant des mois et être quand même constipée en représentation. Inversement, elle peut se contenter de lire froidement le texte et bouleverser le public par sa profondeur et sa vitalité. Mais un tel coup de chance serait impossible à reproduire. Plus raisonnablement, Irina a intérêt à s'appuyer sur sa formation et le travail des répétitions qui ont plus de chances de l'aider à avoir un jeu spontané et vivant. Irina ne peut pas exiger de bien jouer, mais grâce à une minutieuse préparation, ses brefs passages sur scène auront plus de chances de déborder de vie.

Irina doit travailler sur Juliette. Irina en apprendra plus sur le parcours de Juliette que Juliette elle-même. Irina sera même capable de voir l'avenir de Juliette plus clairement qu'elle. Mais cette connaissance concerne le travail invisible. S'agissant du travail visible, pendant la courte durée de la représentation, Irina ne doit pas en savoir plus que Juliette. Pendant les quelques minutes où elle joue réellement Juliette, Irina ne doit jamais être consciente de son travail invisible.

Au cours du travail visible, l'acteur doit oublier l'invisible et croire que l'invisible se rappellera de lui-même à lui.

## Oublier l'évidence

Avant d'approfondir la notion de travail invisible, il serait sage de rappeler quelques principes de base. Il s'agit des différences fondamentales entre le travail visible et le travail invisible et entre Irina et Juliette.

Ces principes sont tellement évidents qu'ils ont tendance à être oubliés – le bon sens est souvent la première victime des répétitions fastidieuses. Tout le temps qu'Irina explorera la scène du balcon, elle ne devrait jamais oublier que :

- Juliette n'a jamais joué la scène du balcon avant, bien qu'Irina l'ait jouée plusieurs fois.
- Juliette n'a jamais entendu ce que Roméo avait à lui dire, bien qu'Irina l'ait entendu plusieurs fois.
- Juliette n'a jamais entendu ce que Juliette avait à dire, bien qu'Irina l'ait entendu plusieurs fois.
- Juliette n'a jamais vu ce que Juliette voit maintenant.

• Juliette n'a jamais senti ce que Juliette sent maintenant.
• Juliette ne sait pas comment la scène va finir.

## Le travail invisible

Tous les acteurs effectuent un travail invisible, même quand leur préparation semble d'une rigueur implacable. Le travail invisible peut prendre différentes formes. Certains acteurs appliquent des méthodes et des systèmes, rédigent des biographies de leur personnage ou relient les sentiments du personnage à leurs expériences personnelles. D'autres font partie de compagnies qui consacrent une bonne partie des répétitions à chercher collectivement l'univers de la pièce. Certains diront en plaisantant qu'ils ne font aucune préparation, mais même ceux-là développeront quelques idées générales au sujet de leur personnage. Ils déclareront par exemple : « *Il est très intelligent* » ou encore : « *Elle obtient ce qu'elle veut.* » Certains acteurs de cinéma s'efforcent de faire le vide entre les prises pour préserver la spontanéité. Même ce vide est une forme de travail invisible.

Il existe autant de méthodes que d'acteurs. La plupart des acteurs s'accordent à dire que leur métier n'est pas une science. Il n'y a pas de système infaillible. La plupart des acteurs s'estiment heureux quand leur imagination leur offre une étincelle de vie et de confiance en eux.

## Exemples de travail invisible

Il n'existe pas de règles pour le travail invisible en dehors du fait qu'il doit toujours y avoir un travail invisible à l'œuvre sous une forme ou une autre.

Le travail invisible englobe non seulement les répétitions, mais aussi la formation de l'acteur et, bien sûr, son expérience personnelle. Il n'y a pas qu'une seule façon de faire du théâtre. Il n'y a pas qu'une seule façon de répéter une pièce. Il n'y a pas qu'une seule façon de préparer un rôle. Certaines des suggestions qui suivent prennent la forme d'exercices pratiques, d'autres de réflexions sur notre approche des individus. Ils ne sont pas là pour alourdir la charge de l'acteur. Au contraire, ils doivent alléger son fardeau. Tous les exemples sont arbitraires et personnels et il en existe beaucoup d'autres. Bien que toutes ces suggestions permettent d'enrichir et de préciser la cible, au bout du compte, c'est à l'acteur de faire la synthèse du travail invisible.

Le travail de préparation peut prendre de multiples formes : tout ce qui éveille l'imagination est utile. Tout ce qui éteint l'imagination est à éviter. Certaines règles vont étouffer Irina, d'autres vont la libérer ; seule Irina saura en décider.

## La recherche

Cela peut aider Irina de se renseigner sur l'environnement de Juliette, les circonstances dans lesquelles elle existe. Une seule mise en garde : la recherche est utile jusqu'au moment où l'acteur tient absolument à trouver « ce qui est juste ». Nous ne saurons jamais quelles pressions subissait une jeune aristocrate italienne du quatorzième siècle. Pas seulement à cause d'un décalage historique. Même si nous vivions au coin d'une rue médiévale de Vérone, nous ne pourrions pas en être sûrs ; nous ne pouvons que l'imaginer.

Irina peut faire des recherches sur l'éducation qu'a reçue Juliette – sur la façon dont le monde attend qu'elle marche, rie, mange, chante, se batte, s'habille, parle, prie, fasse l'amour, raisonne. Lire, discuter en répétition, effectuer des exercices individuels et collectifs, expérimenter autour de la danse, du costume, de la respiration et du silence sont autant d'actions qui peuvent la libérer et augmenter sa curiosité et sa vitalité.

## Les autres

Irina doit lire tout ce que les autres personnages disent de Juliette. C'est un travail important, auquel il faut apporter une réserve : Ce que les autres personnages disent de Juliette en dit beaucoup plus long sur eux que sur Juliette. Quand nous parlons des autres, nous nous dévoilons. Nous ne pouvons pas admettre que Juliette est belle simplement parce que Pâris et Roméo l'affirment. Ce que ces hommes disent compte moins que ce qu'ils font pour elle. Et puis, aucune description n'est fiable.

La Nourrice a beaucoup à dire sur le compte de Juliette.

NOURRICE

*Au moins ou au plus, n'importe ! Entre tous les jours de l'année,*
*c'est précisément la veille au soir de la Saint-Pierre-ès-Liens qu'elle*
*    aura quatorze ans.*
*Suzanne et elle, Dieu garde toutes les âmes chrétiennes !*
*étaient du même âge… Oui, à présent, Suzanne est avec Dieu :*
*elle était trop bonne pour moi ; mais, comme je disais,*
*la veille au soir de la Saint-Pierre-ès-Liens elle aura quatorze ans,*

*elle les aura, ma parole. Je m'en souviens bien.*
*Il y a maintenant onze ans du tremblement de terre ;*
*elle fut sevrée, je ne l'oublierai jamais,*
*entre tous les jours de l'année, précisément ce jour-là ;*
*car j'avais mis de l'absinthe au bout de mon sein,*
*et j'étais assise au soleil contre le mur du pigeonnier ;*
*monseigneur et vous, vous étiez alors à Mantoue...*
*Oh ! J'ai le cerveau solide !... Mais comme je disais,*
*dès qu'elle eut goûté l'absinthe au bout de mon sein*
*et qu'elle en eut senti l'amertume, il fallait voir*
*comme la petite folle, toute furieuse, s'est emportée contre le téton !*
*Tremble, fit le pigeonnier ; il n'était pas besoin, je vous jure,*
*de me dire de décamper...*
*Et il y a onze ans de ça ;*
*car alors elle pouvait se tenir toute seule ; oui, par la sainte croix,*
*elle pouvait courir et trottiner tout partout ;*
*car, tenez, la veille même, elle s'était cogné le front ;*
*et alors mon mari, Dieu soit avec son âme !*
*c'était un homme bien gai ! releva l'enfant :*
*"oui-da, dit-il, tu tombes sur la face ?*
*Quand tu auras plus d'esprit, tu tomberas sur le dos ;*
*n'est-ce pas, Juju ?" Et, par Notre-Dame,*
*la petite friponne cessa de pleurer et dit : "oui !"*
*Voyez donc à présent comme une plaisanterie vient à point !*
*Je garantis que, quand je vivrais mille ans,*
*je n'oublierais jamais ça : "N'est-ce pas, Juju ?" fit-il ;*
*et la petite folle s'arrêta et dit : "oui !"*

## LADY CAPULET

*En voilà assez ; je t'en prie, tais-toi.*

S'agit-il seulement d'un bavardage bon enfant ? La Nourrice transpire la chaleur et le réconfort. En effet, la Nourrice est tellement investie dans son rôle de nourrice qu'on a du mal à entendre les événements qu'elle décrit.

La Nourrice raconte qu'elle s'est vue confier Juliette suite au décès de sa propre fille, Suzanne. On apprend que les parents de Juliette l'ont laissée seule aux soins de sa nourrice au moins une fois pour entreprendre un assez long voyage. On comprend que pendant leur absence, la Nourrice a essayé de sevrer l'enfant en badigeonnant ses seins d'un breuvage au goût amer. La surprise et le dégoût de l'enfant au contact du lait empoisonné ont fait rire la Nourrice. On apprend que la petite a affirmé son indépendance en marchant très tôt. On apprend aussi que Juliette a été laissée sans surveillance au point de se fendre le crâne. On apprend aussi que la fillette en pleurs a dû subir les moqueries de la Nourrice et de son mari gouailleur qui a inventé une blague cochonne à ses dépens. Le « oui » de la fillette sous-entend même qu'elle a appris à contrôler ses émotions et à composer avec les adultes en étant d'accord avec eux.

Malgré son apparente jovialité, la Nourrice est pleine de destruction avec ses discours sur la mort et les tremblements de terre. Sa défunte fille était « *trop bonne* » pour elle, pourtant, pour quelqu'un qui a une si faible estime d'elle-même, elle prend beaucoup de place. Aucune des trois femmes n'a sans doute conscience du fait que la Nourrice déteste peut-être Juliette et aspire à la détruire. Détruire Juliette est justement ce que fait la Nourrice ; à Vérone, les hommes n'ont pas le monopole de la violence. La Nourrice parle peut-être tous les jours de sa fille morte à Juliette, accablant la riche survivante de culpabilité. En attendant, la mère de Juliette ne s'intéresse pas le moins du monde à cette histoire étrange et épouvantable. En effet, plus tôt dans la scène, elle redoute de se retrouver seule avec sa fille. Lady Capulet et la Nourrice parlent de l'âge de Juliette devant elle comme si elle n'était pas là. La fille adresse à peine la parole à sa propre mère qui lui renvoie des vers rimés glacés plus maniérés que chaleureux. On comprend que Juliette est née la nuit d'une mère qui n'était elle-même encore qu'une enfant. Cela veut dire que Lady Capulet n'a qu'une vingtaine d'années et qu'elle est donc encore assez jeune pour être la rivale de sa fille.

Bien sûr, ceci n'est qu'une version de l'enfance de Juliette. Il y en a d'autres, mais évidemment, aucune ne doit être « jouée » par Irina. Cela dit, ces narrations parallèles soulèvent des questions dérangeantes qui peuvent enrichir le travail invisible d'Irina.

Ce type de travail peut ouvrir à Irina de vastes horizons. D'un autre côté, trop de recherche peut aussi lui bourrer le crâne et geler son imagination. Il faut alors qu'elle s'arrête. Cela peut être un bon signe, témoin d'une saine révolte de la part de son côté instinctif.


## Le monde n'est jamais assez bien

Nous vivons dans un monde réel que nous ne connaissons que vaguement et dans une panoplie d'univers fantasmés que nous connaissons mieux. Juliette nourrit aussi un monde de fantasmes très riche. Et Irina se renforcera non seulement en cherchant ce qui est arrivé à Juliette dans la réalité, mais aussi en imaginant le monde inventé par Juliette. Au lieu d'essayer vainement de se transformer en Juliette, laissons plutôt Irina imaginer en quoi Juliette voudrait changer les choses. Juliette aurait-elle préféré une mère tendre embaumant la lavande à la femme sophistiquée qui veut absolument la marier à un aristocrate ? Juliette ne veut peut-être pas seulement changer son environnement et sa mère. Peut-être veut-elle aussi se changer elle-même.


## Je ne suis pas assez bien

Même l'ermite qui fuit tout rapport avec autrui ou qui s'enferme dans une caisse d'isolation sensorielle ne peut échapper à une relation envahissante : celle qu'il entretient avec lui-même. Ce principe est fondamental pour l'acteur. La première relation de Juliette a lieu avec Juliette. Cette histoire d'amour/haine est tumultueuse, toujours instable et tend moins vers une acceptation de soi que vers une tentative de changement de soi.

Un des meilleurs moyens pour Irina d'apprendre des choses sur Juliette est de voir comment Juliette se perçoit elle-même. Juliette aimerait que certaines choses soient différentes. Est-elle trop grande ? Trop vive ? Trop dépendante ? Comment préfèrerait-elle être ? Moins guindée ? Plus spontanée ? Moins impulsive ? Il peut être utile pour Irina d'imaginer Juliette en train de se regarder dans le miroir. Les deux premières grandes questions sont : « *Qui Juliette voudrait-elle voir à la place de son reflet ?* » Et : « *Qui Juliette a-t-elle peur de voir ?* » Il est beaucoup moins intéressant de savoir de quoi Juliette a l'air.

Irina pourrait aussi demander : « *Oui, mais comment rendre tout ça clair ?* » La réponse est qu'il n'y a absolument rien à « rendre clair », surtout en ce qui concerne le travail invisible. Donc Irina a une idée et ensuite on lui dit : « *Surtout, ne la joue pas !* » Exactement. Le travail invisible se manifeste dans les moments de grâce, quand bon lui semble, où bon lui semble. Si on essaie de le contrôler en montrant ses rouages, si on essaie de le restituer en public, il s'évanouira. L'invisible ne nous abandonne jamais totalement ; il revient quand nous arrêtons de vouloir le contrôler.

## Exercices de l'extrême

Il existe plusieurs exercices pour développer et renforcer l'esprit invisible. Les exercices de l'extrême consistent à renoncer au bon sens et à jouer la scène dans un but extrêmement précis. Par exemple, Juliette peut jouer la scène avec sa mère une fois comme si elle essayait de l'amuser (à l'extrême), une fois comme si elle essayait de lui faire peur (à l'extrême) ou bien comme si elle essayait de l'humilier / de la séduire / de l'instruire / de la soigner etc. Parfois l'effet est simplement bizarre, mais parfois, une réplique, un regard ou un mouvement deviennent soudain vivants.

Dans ces moments, la vie passe dans le travail invisible. Irina devra ensuite oublier l'exercice, mais il est étonnant de constater combien il laisse de traces. Quand Irina jouera la scène, le travail invisible aura déjà influencé ce qu'elle voit. La mère qui se trouve devant elle aura plus d'histoire et de profondeur. L'image de la mère aura une spécificité pus grande. La cible se développe hors de notre contrôle conscient.

## Les opposés

Un autre exercice du travail invisible consiste à chercher l'exact opposé de Juliette. Irina peut puiser dans la vraie vie, dans des films ou dans la littérature. Une fois qu'elle aura trouvé l'exact opposé, elle devra se demander s'il existe des points communs entre ces deux individus. Irina pensera peut-être que Lady Macbeth est l'exact opposée de Juliette. Elle peut ensuite se demander s'il existe des similitudes entre elles.

Eh bien, les deux femmes attendent toutes deux impatiemment le retour de leur amant, elles demandent toutes les deux à la nuit de masquer leurs actes de peur de se défiler avant de les avoir commis, elles rapprochent étrangement toutes les deux le sexe et la mort et elles entretiennent toutes deux des rapports complexes au Temps : Lady Macbeth « *ne sent plus dans l'instant que l'avenir* ». Les deux femmes convainquent toutes deux leurs hommes de briser un tabou et toutes deux se suicident. La comparaison est troublante. Et le trouble est utile parce qu'il balaie la poussière du cliché.

Plus Irina utilisera cet exercice et d'autres pour enrichir le travail invisible, plus la cible se précisera. Au cours de ses précieux moments en scène, la cible particulière et riche se trouvera ainsi toujours prête quand Irina aura besoin de son énergie.

L'influence de l'esprit invisible sur ce que voit l'esprit visible est un mystère. Nous ne pouvons que faire confiance au processus et accepter notre ignorance. Nous aurions tort de cesser de respirer simplement parce que nous ne comprenons pas tous le détails du mécanisme.

Seule l'attention peut développer les cibles que l'acteur voit. L'acteur ne peut pas rendre le travail invisible visible. Le travail invisible se manifeste sans notre permission. Nous ne savons pas comment ce processus fonctionne. Parfois, nous devons nous détendre et accepter de ne pas savoir.

# Digression : le sage et la terre cuite

Un collectionneur de terres cuites chinoises antiques était furieux d'avoir encore dépensé une somme folle pour une énième contrefaçon. Il chercha dans le monde entier le plus grand expert en terres cuites pour qu'il lui apprenne à éviter les arnaques. Ce vieux sage menait une vie modeste, mais il fit payer au collectionneur le prix fort pour son enseignement. Pendant les six semaines de formation, l'élève s'engageait à faire exactement ce que le maître lui demandait. Le collectionneur se rendit dans la cellule isolée de l'ascète chargé d'appareils photos et d'ordinateurs. Le sage lui ordonna de tout laisser à l'extérieur. L'homme obéit et son matériel fut volé par d'autres sages ascétiques. Le collectionneur était en colère, mais s'il voulait savoir un jour faire la différence entre une vraie et une fausse terre cuite, il devait se plier aux exigences du maître.

Le premier jour, le sage l'emmena dans une étable pour yaks, lui banda les yeux et lui posa dans la main un objet en terre cuite. Le collectionneur attendit des instructions, mais le sage ne dit rien. Il resta assis là pendant douze heures, avec pour seule nourriture un peu de lait de yak. Le lendemain, même manège : le bandeau, la terre cuite et le silence. Le rituel se répéta tous les jours pendant des semaines. Le collectionneur était furieux, mais tenait sa langue car il espérait bien apprendre le secret du sage. Au bout de six semaines, le dernier jour, le sage entra dans l'étable et noua à nouveau le bandeau sur les yeux de son élève. Une fois encore, il posa l'objet en terre cuite dans sa main. L'homme explosa soudain de rage et jeta la terre cuite sur un yak voisin. Il arracha son bandeau et hurla à l'ascète : « *Cette fois, ça suffit ! Vous m'avez attiré ici, dans ce monastère perdu, vous avez laissé vos amis voler mes ordinateurs, vous m'avez empoisonné avec du lait de yak dégoûtant, vous m'avez gardé les yeux bandés dans l'obscurité la plus totale et aujourd'hui, vous me faites l'insulte suprême de me donner une fausse terre cuite au lieu d'une vraie ! »*

# 10. L'identité, la persona et le masque

Si la notion de « personnage » est trop imposante et trompeuse, quels autres termes et outils Irina peut-elle utiliser ? Irina peut affuter des outils plus pratiques et plus modestes. Plus précisément, Irina peut s'aider de trois dispositifs : l'identité, la persona et le masque. Ces trois entités ne sont pas plus réelles que le personnage. Il s'agit seulement d'expressions inventées qui peuvent s'avérer utiles.

## L'identité

Nous avons vu que l'acteur qui essayait d'inventer « en un » risquait de se retrouver coincé. Au lieu de vouloir créer le « un » insaisissable et parfait, mieux vaut chercher des éléments opposés en conflit l'un avec l'autre.

Si la simple question « *Qui suis-je ?* » n'aide en rien, peut-être que la double question : « *Qui préférerais-je être ?* » associée à « *Qui ai-je peur d'être ?* » sera plus efficace. Ces deux questions sont évidemment en opposition. « *Quel est mon personnage ?* » n'est pas une question utile parce qu'elle semble appeler une réponse « en un ». Irina aura donc intérêt à s'intéresser à des mots ou des idées toujours liés au personnage, mais plus dynamiques. Elle doit trouver des questions qui célèbrent la contradiction au lieu de craindre le conflit. Parce que le conflit insuffle de la vie au personnage. Elle a donc intérêt à se dire que toutes les caractéristiques vont par « paires ». Par exemple, plus nous voulons être riches, plus nous craignons d'être pauvres. Ou encore, plus nous voulons être forts, plus nous craignons d'être faibles.

Imaginons comme tout à l'heure que je ne sache jamais véritablement qui je suis. « *Qui je suis* » est inconnaissable. Mais alors qu'y a-t-il de connaissable qui puisse aider Irina ? L'identité est connaissable. L'identité s'apparente à ce que je suis, ressemble à ce que je suis, a la même odeur que ce que je suis, mais elle n'est pas ce que je suis. Parfaitement descriptible, l'identité est complètement morte. Mais il peut être utile pour l'acteur de s'intéresser à son fonctionnement.

Au fond, notre identité est la façon dont nous voulons nous-mêmes nous voir. Pour nous convaincre de ce que nous sommes, nous devons aussi convaincre les autres. D'une utilité discutable dans la vraie vie, l'identité peut être un outil très pratique pour l'acteur.

L'identité est une construction qui m'aide à définir qui est le « je » qui parle. En réalité, l'identité n'est qu'une invention ou un revêtement dont nous nous couvrons dès notre plus jeune âge. Elle correspond à l'ensemble des moyens que j'ai de me présenter et de me percevoir. Les mécanismes de l'identité sont beaucoup plus clairs pour les autres que pour moi-même.

# Je suis

Si je vous dis « ce que je suis », je ne vous dirai pas grand-chose de ce que je suis vraiment. Mais je vous en apprendrai beaucoup sur mon identité. Si vous voulez vraiment savoir « ce que je suis », les meilleurs indices sont dans ce que je fais.

Avant que ces considérations deviennent trop abstruses, prenons des exemples concrets. Si on vous demandait de définir le personnage d'Othello, vous pourriez dire qu'il est :

- Courageux
- Noble
- Généreux
- Exotique
- Aimé
- Patriote
- Fier
- Magnanime
- Aimant
- Innocent
- Loyal
- Confiant
- Viril
- Intégré
- Franc

Othello lui-même trouverait cette liste sensée et juste. Mais il n'y a aucun verbe dans cette liste. Ce n'est pas une liste d'actions passées ou futures. Cette liste est composée uniquement d'adjectifs, de mots immobiles – des mots ennemis.

Othello lui-même emploie quantité de mots pour se décrire. Et son discours sert en grande partie à promouvoir cette image positive. Pourtant, si Othello pense incarner toutes ces qualités, c'est qu'il doit aussi exister un éventuel Othello contraire à celui-ci. Un Othello qui incarne les caractéristiques opposées. Othello cache donc une identité toute autre, une sorte d'anti-Othello consciemment étouffé. Dans ce cas, cet anti-Othello doit être :

- Lâche
- Ignoble
- Mesquin
- Commun
- Méprisé
- Subversif
- Pleurnicheur
- Étriqué
- Haineux
- Coupable
- Traître
- Soupçonneux
- Puéril
- Exclu
- Tortueux

Iago réussit à flairer cet anti-Othello caché. Il laisse entendre que ce monstre secret existe en renversant le portrait éclatant du début de la pièce. De plus, Iago sent que l'énorme énergie d'Othello vient justement des efforts qu'il fournit pour réprimer ce spectre. N'oublions pas que, bien sûr, cet anti-Othello n'existe pas plus que l'Othello officiel. Tous deux sont des fantômes issus de l'imagination d'Othello. Ce qui compte pour Iago, c'est qu'à un moment, Othello craigne que cet anti-Othello existe. Comme bon nombre d'entre nous, Othello dépense une énergie folle à s'assurer que son « mauvais » côté, son Mr Hyde, ne sorte pas au grand jour. Iago appuie sur l'interrupteur qui fait basculer Othello du côté de l'anti-Othello.

La première liste d'attributs décrit une partie de l'identité d'Othello. La deuxième liste fait aussi partie de son identité, ou plutôt de son anti-identité. Iago, doté d'une sorte d'instinct de psychotique, sait précisément quelle corde titiller pour amener Othello à s'autodétruire. D'une certaine façon, Iago fait chanter Othello en le menaçant d'exposer à l'Othello irréprochable officiel l'anti-Othello sale et secret. Le plan se retourne contre lui. Jouer avec l'identité revient à jouer avec le feu. Mais si Othello avait eu une image plus juste de son anti-Othello, s'il avait eu un meilleur sens de la mesure, ou de l'humour, vis à vis de lui-même, s'il avait mieux perçu ce qu'il voulait être et ce qu'il craignait d'être, peut-être aurait-il été moins perméable aux manipulations de Iago. Qui sait ? C'est au public de répondre à cette question.


## Arkadina

Un autre exemple est celui d'Arkadina, dans *La Mouette* qui, quand on lui demande de l'argent, s'écrie : « *Je suis une actrice, pas une banquière !* » Cela nous donne une idée de l'anti-Arkadina qui est donc banquière et non actrice. Son fils, Treplev, sous-entend régulièrement qu'elle est mauvaise actrice et affirme à un moment qu'elle possède 20 000 roubles sur un compte à Odessa. L'analyse pertinente de Treplev confirme nos déductions au sujet de l'anti-Arkadina. Encore une fois, il ne s'agit pas de « qui est *réellement*

Arkadina », mais de qui Arkadina craint d'être, l'Arkadina qui laisse un rouble de pourboire aux serviteurs en leur demandant de partager. Mais il y a encore une autre Arkadina, humble et douce, qui oublie qu'elle est venue en aide à ses voisines alors qu'elle même était dans le besoin.

Pour résumer : Mon identité n'est pas qui je suis. Mon anti-identité non plus. Mais ces deux entités prises ensemble nous donnent beaucoup d'indices sur les peurs et les espoirs d'un individu, qu'ils soient conscients ou inconscients.

## Une dynamo utile

Nous pouvons aller encore plus loin en décrétant que presque toute l'énergie d'un être humain est consacrée à promouvoir l'identité et à réprimer l'anti-identité. Chez n'importe quel individu, la guerre entre ces deux entités est sanglante et épuisante ; chez l'acteur, cette perpétuelle promotion de l'un et répression de l'autre est une source inépuisable d'énergie imaginative.

Dans le travail invisible, Irina a intérêt à s'intéresser non seulement à Juliette, mais aussi à l'anti-Juliette. Nous avons tous une identité et à chaque identité correspond une anti-identité égale et opposée. Aucune n'est vraie, mais  si elles sont prises ensemble, elles peuvent stimuler l'acteur.

## Juliette et l'identité

Curieusement, Juliette est obsédée par l'identité. Sa première question fracassante est si célèbre que nous sommes presque fatigués de l'entendre. Elle comprend soudain que l'identité est arbitraire.


## JULIETTE

*Ô Roméo ! Roméo ! pourquoi es-tu Roméo ?*
*Renie ton père et abdique ton nom ;*
*ou, si tu ne le veux pas, jure de m'aimer,*
*et je ne serai plus une Capulet.*


## ROMÉO

*Dois-je l'écouter encore ou lui répondre ?*


## JULIETTE

*Ton nom seul est mon ennemi.*
*Tu n'es pas un Montaigu, tu es toi-même.*
*Qu'est-ce qu'un Montaigu ? Ce n'est ni une main, ni un pied,*
*ni un bras, ni un visage, ni rien qui fasse*
*partie d'un homme… Oh ! sois quelque autre nom !*
*Qu'y a-t-il dans un nom ? Ce que nous appelons une rose*
*embaumerait autant sous un autre nom.*
*Ainsi, quand Roméo ne s'appellerait plus Roméo,*
*il conserverait encore les chères perfections qu'il possède…*
*Roméo, renonce à ton nom ;*
*et, à la place de ce nom qui ne fait pas partie de toi,*
*prends-moi tout entière.*

## ROMÉO

*Je te prends au mot !*
*Appelle-moi seulement ton amour et je reçois un nouveau bap-*
*tême :*
*désormais je ne suis plus Roméo.*

JULIETTE

*Quel homme es-tu…*

Tout ce passage ne parle que de l'identité dont Roméo et Juliette peinent à briser les chaînes. Juliette propose de changer d'identité, supplie Roméo de changer la sienne, puis Roméo propose de recevoir un « *nouveau baptême* ».

Juliette voit-elle un Roméo esclave de son père ? « *Renie ton père* » renvoie certainement au décret éternellement subversif du Christ selon lequel nous devons quitter nos parents pour entrer vraiment dans la vie. Devons-nous donc détruire les identités que nous avons reçues ? Si Roméo est trop faible, Juliette renoncera-t-elle à sa famille pour les sauver tous les deux ? En disant « *Qu'y a-t-il dans un nom ?* » elle partage avec Roméo le grand secret de l'univers qu'elle a entrevu au cours de cette nuit sacrée.

## Digression : la structure de l'identité

Nous nous voyons nous-même sous forme de doubles contraires. Ce n'est pas parce que j'accomplis une action gentille que je *suis* gentil. En ce moment, je trouve que je suis gentil, donc au fond, je dois avoir la conviction égale que je suis cruel. Dire « *Je joue la comédie* » n'est pas la même chose que dire « *Je suis un acteur* ». Je ne peux pas dire « *Je suis un acteur* » sans admettre en même temps que peut-être : « *Je ne suis pas un acteur* ».

De même que la nuit ne peut exister sans le jour, l'honneur sans la honte et la vie sans la mort, nous ne pouvons pas nous décrire nous-mêmes – ou les autres – sans sous-entendre l'existence, réelle ou potentielle, des qualités inverses que celles que nous citons. Il est en effet très utile pour l'acteur d'imaginer que le cynique et l'idéaliste sont la même personne, le saint et le pécheur, celui qui a réussi et celui qui a échoué, l'intelligent et l'idiot, l'ange et le démon, etc.

Réprimer une identité pour en promouvoir une autre nous épuise dans la vraie vie, mais dans le jeu, cette dynamique peut libérer une grande quantité d'énergie.

## Digression : le sentimentalisme

Selon un vieux précepte théâtral, il ne faut jamais jouer le personnage, seulement la situation. Donc si vous jouez un homme agressif, vous ne pouvez pas réellement jouer l'homme agressif, seulement la situation dans laquelle il se trouve. Vous ne pouvez pas non plus jouer l'anti-identité, le fait qu'au fond, cette personne est aussi un lâche.

Comment l'acteur peut-il donc saisir l'essence de cette personne, de cet homme agressif ? La réponse est que nous ne pouvons « saisir l'essence » de personne.

Quand nous essayons de saisir l'essence de quelqu'un, nous faisons du sentimentalisme. Le sentimentalisme est le refus d'accepter l'ambivalence. La certitude est sentimentale. Nous ne sommes pas sentimentaux seulement quand nous disons qu'une personne est gentille. Il est tout aussi sentimental d'affirmer qu'une personne est méchante. Dire qu'une race est bonne et qu'un peuple est mauvais est également sentimental. Ce genre de jugement peut avoir des conséquences très graves et en soi, le sentimentalisme est une chose terrifiante.

Il est sentimental de dire qu'un personnage est doux, comme nous pourrions le faire d'Anfissa dans *Les Trois sœurs*. Mais il est tout aussi sentimental de dire qu'un personnage est méchant, comme par exemple Richard III. Ce sont leurs actes qui peuvent être bons ou méchants ou les deux.

Décréter qu'un personnage est bon ou méchant risque de bloquer l'acteur. Seul ce que nous faisons peut être bon ou méchant. Un personnage n'est par essence ni l'un ni l'autre. Croire qu'un être humain est, par nature, bon ou mauvais, est au cœur du sentimentalisme. Prononcer des jugements moraux sur des actes est une chose ; prononcer des jugements moraux sur des personnes en est une autre ; et ce genre de moralisme est indigne de l'acteur.

Nous ne pouvons pas décrire correctement quelqu'un, parce que nous ne pouvons jamais totalement le connaître. Nous avons tort de nous demander ce que nous sommes car nous ne le saurons jamais. Nous ne pouvons ni savoir, ni contrôler, ni maîtriser l'essence de qui que ce soit, y compris nous-mêmes. Par contre, nous pouvons toujours observer ce que nous faisons. Même le physicien qui essaie d'expliquer la nature de la matière finira par décrire, non pas la particule elle-même, mais la façon dont elle se comporte.


## Les institutions

L'identité est notre petite institution personnelle. Toutes les institutions ne sont que des abstractions inventées par les hommes. Mais les institutions ont des caractéristiques effrayantes. Elles sont jalouses de leurs inventeurs et secrètement, elles aimeraient vivre indépendamment de leurs maîtres humains. Elles aimeraient prendre chair et « s'incorporer ». Certaines y arrivent presque. Toutes les institutions ont un point commun : leur but premier est la préservation de soi. Et comme toutes les institutions, l'identité se bat comme un fauve si elle sent qu'on essaie de révéler à son hôte qu'elle n'est qu'une illusion. En effet, pour préserver son intégrité, l'identité peut même ordonner à son hôte humain de se suicider. Mais l'identité ne survit pas, car comme beaucoup de parasites, elle est plus intelligente que sage et ne comprend jamais que sa vie dépend de celle de son hôte.

## La persona

Si cela n'aide pas Irina de réfléchir à l'identité et l'anti-identité, elle peut aussi aller chercher « qui je suis » du côté de la persona. Si mon identité est à la fois la façon dont j'aimerais me percevoir moi-même et la façon dont j'aimerais que les autres me perçoivent, alors la persona correspond aux moyens que j'emploie pour interagir avec le monde extérieur. En littérature, le mot « persona » désigne la personne qui raconte l'histoire, soit l'auteur, soit quelqu'un d'autre. Jane Eyre n'était pas Charlotte Brontë. Du côté des stars de cinéma, on peut dire que Humphrey Bogart avait une persona à l'écran, tout comme James Dean. Jung utilise le mot « persona » pour décrire la partie d'un individu qui a l'habitude d'interagir avec le monde extérieur. Il la distinguait du « moi » qui désigne ce que nous sommes vraiment. « Qui nous sommes vraiment » est un grand sujet de psychanalyse, mais c'est surtout un vaste bourbier pour l'acteur.

Au théâtre, la persona œuvre de façon mystérieuse. Comme le physicien qui ne peut que décrire le comportement de la particule, il est plus facile de décrire ce que fait la persona. La persona ne peut que nous montrer les contours d'un personnage, mais souvent, nous sommes étonnés par tout ce que nous savons déjà sur lui. Comme si cette connaissance nous venait d'une vie antérieure. Parfois, nous nous plaignons de ne pas avoir suffisamment d'informations sur l'univers du personnage, mais de temps en temps, il est presque inquiétant de découvrir tout ce que nous savons sur un monde qui, en théorie, devrait nous être totalement inconnu.

Prenons un exemple concret, celui de la *commedia dell'arte* où différents archétypes peuvent être représentés, endossés et joués par l'acteur. L'acteur n'a pas besoin d'effectuer une recherche approfondie sur le personnage de Pantalon. L'acteur qui reconnaît la persona du vieillard ridicule n'aura aucun mal à adopter la persona de ce personnage célèbre. Au passage, l'acteur *adopte* une persona ; l'acteur n'*adapte* pas une persona. En réalité, plus l'acteur est capable de se plier à la persona, plus la persona *adoptera* et même *adaptera* l'acteur. Comme si la persona avait elle-même fourni un travail de recherche préalable et livrait ses découvertes à l'acteur.

Comment est-ce possible ? Quelques coordonnées géographiques suffisent à donner vie à un nouveau monde. En quelques coups de crayon, Picasso était capable de convoquer des mondes puissants et complexes. Un jeune homme demanda un jour au peintre combien de temps il lui fallait pour produire ces quelques traits. Picasso répondit : « *Oh, environ quarante ans.* » Ces quarante ans représentent le travail invisible de l'acteur. Ils ne sont pas visibles concrètement dans le dessin exécuté en quarante secondes, mais ils respirent de façon invisible. Nous pouvons être sûrs que Picasso n'a pas consciemment utilisé ces quarante ans pendant qu'il dessinait, mais peut-être que par un étrange mystère, ces quarante ans l'ont utilisé.

La persona fonctionne de la même façon. Grâce à quelques détails apparemment sommaires, l'acteur peut avoir un jeu ancré dans un monde inventé d'une grande complexité.


## Le masque

La différence entre la persona et le masque est inssaisissable. Le mot étrusque désignant l'homme masqué était *Phersu*, plus tard transformé par les Romains en *persona*, qui signifie « masque ». Enfin, dans la langue moderne, le mot est devenu « personne ». Il est assez déroutant de noter qu'« acteur », « masque » et « personne » pourraient bien être le même mot. Cela dit, le théâtre exige que nous mettions de côté tout apriori et toute certitude quant à ce que nous sommes.

On trouve le masque dans de nombreuses cultures. La principale différence entre la persona et le masque est que le second comporte forcément un élément concret destiné à couvrir le visage de celui qui le porte. Les représentations ou les rituels qui utilisent le masque sont variés, mais tous suivent plus ou moins certaines grandes lignes :

- L'acteur voit le masque.
- L'acteur met le masque.
- L'acteur voit le monde uniquement à travers les yeux du masque.
- Le masque donne la permission à l'acteur d'être lâché dans le jeu.
- Le masque permet à l'acteur de voir un autre monde.

- Le public voit ce que l'acteur voit.
- Le masque permet à l'acteur et au public de voir quelque chose qu'ils n'auraient pas pu voir autrement.

## Le masque de Juliette

En quoi le masque peut-il être utile à Irina ? Aucun metteur en scène ne lui a demandé, à elle ou aux autres acteurs, de revêtir un masque. Pourtant, un travail de masque très simple peut aider les acteurs, même avec les textes les plus réalistes. Si Juliette porte un costume, celui-ci peut servir de masque. Si Juliette porte du maquillage, cela peut aussi lui servir de masque. Au fond, tout objet concret, porté par l'acteur peut devenir un masque tant que l'acteur ne le porte qu'en jeu. En d'autres termes, Irina peut porter une paire de chaussures spéciales qui distribuent son poids d'une certaine façon et qui l'aident à découvrir comment bouge Juliette. Si Irina porte ces chaussures hors des répétitions, elles ne seront plus qu'un accessoire. Mais si elle ne les porte que quand elle essaie de voir et de se mouvoir comme Juliette, alors elles se mettront à fonctionner comme un masque.

Si les chaussures fonctionnent comme un masque, à chaque fois qu'Irina les enfile, elle sentira qu'elle bouge différemment. Les chaussures deviennent alors une sorte d'interrupteur qui enclenche le jeu. Si Irina est gênée de porter ses chaussures pendant la pause déjeuner, cela signifie sans doute qu'elles ont commencé à acquérir le pouvoir d'un masque.

Le masque doit être manipulé avec soin, non par peur de le froisser ! Mais parce que le masque perdra son fragile pouvoir si nous l'utilisons n'importe comment. Nous remettons tous les pouvoirs au masque pour qu'il nous nourrisse en retour. Si nous dépouillons le masque de son pouvoir en lui manquant de respect, il ne nous donnera rien.

## Le masque et le mouvement

Le masque ne fait pas que modifier l'apparence de l'acteur : Les membres de l'acteur se mettent aussi à réagir différemment aux stimuli. Au cours du travail invisible, l'acteur de masque commence par étudier le masque qu'il tient entre ses mains. On trouve cette scène sur des vases grecques vieux de plus de 2500 ans. L'acteur s'entraîne ensuite à jouer avec le masque et découvre progressivement qui est le masque en voyant comment les autres réagissent à cette nouvelle identité. Au bout d'un moment, les mouvements de l'acteur seront ceux du masque.

## Les yeux du masque

Il y a pourtant une partie du visage que le masque ne dissimule pas. Ce sont les yeux. En effet, le masque change ce que les yeux voient. La cible se transforme. Le travail masqué est excellent pour l'acteur bloqué parce que le masque empêche l'acteur de se regarder lui-même. Le masque efface l'identité personnelle de l'acteur. Le masque donne à l'acteur la permission de faire des choses interdites – ce n'est pas la faute de l'acteur, c'est la faute du masque.

## La reconnaissance

Le pouvoir du masque est proportionnel à la capacité de l'acteur à le reconnaître. Si l'acteur ne reconnaît pas le masque, le masque restera inerte. Dans ce cas-là, le masque parasite le jeu. Mais cette reconnaissance n'a pas besoin d'être consciente. Ce qui se passe vraisemblablement, c'est que le masque vient stimuler une partie cachée ou totalement inexplorée de l'acteur. Tant que la reconnaissance perdure, le masque a le pouvoir de transformer l'acteur. Mais cette transformation n'est que la libération de quelque chose qui était déjà là. Ce n'est qu'une métamorphose apparente, car en réalité, le masque a activé une persona enfouie de l'acteur.

Nous pouvons reconnaître des choses sans le savoir. Nous pouvons aimer ou mépriser des inconnus sur le champ parce qu'inconsciemment, nous reconnaissons en eux une partie enfouie de nous-même. Nous assistons au même genre de processus quand nous nous étonnons de ce que le masque nous fait faire. Une persona cachée se reconnaît dans le masque, peut-être en une fraction de seconde, et l'acteur laisse le masque ouvrir le placard dans lequel cette persona était enfermée.

Quand ils jouent un rôle, les acteurs décident de ne pas se jouer eux-mêmes pendant quelques temps.

## Quand je me vois

Se regarder soi-même peut être le pire ennemi de l'acteur. Dans ces moments-là, la feuille de vigne du personnage se flétrit. Comme toujours, quand la Peur vous saisit, il est bon de vous rappeler deux principes : premièrement, vous pouvez transférer vos peurs dans le personnage et deuxièmement, vous pouvez normalement vaincre la Peur en recopiant ses armes.

Donc, un outil dont Irina peut se servir pour se dépêtrer du « *Je ne sais pas qui je suis* » consiste justement à se regarder elle-même ! Irina peut ainsi s'intéresser au regard de Juliette sur elle-même. Comment Irina peut-elle accomplir cette prise de judo fatale?

Revenons aux deux premières règles : Un, il y a toujours une cible, et deux, la cible existe toujours à l'extérieur. Que se passe-t-il quand je me parle à moi-même ? Eh bien, dans ce cas, « moi-même » est forcément une cible. Par exemple, si je me crie dessus quand la douche est en panne, le « moi » sur lequel je crie est ce « moi » stupide qui a oublié de téléphoner au plombier. Il y a une différence entre le « je » qui accable et le « moi » coupable. Entre le « je » et le « moi », se creuse un écart très productif.

Prenons le temps de nous familiariser avec cet écart et sa dynamique. Je peux me voir moi-même sous différentes formes. Je peux me voir comme une personne faible, comme une personne courageuse, brillante ou stupide. D'une certaine façon, le « je » ne change pas, c'est le « moi » qui change. Le « je » qui parle est toujours le même, mais le « moi » que je vois est toujours différent. Je reste le même, mais je me vois en train de changer. Le « moi » est une cible qui obéit à toutes les règles.

Au cours des vingt dernières années, je suis resté exactement le même, seulement ces derniers temps, quand je cours pour attraper le bus, mes jambes me paraissent plus raides, ma ceinture est plus serrée, mes gueules de bois plus pénibles, un drôle de monsieur âgé me regarde dans le miroir, les gens sont différents, de nouvelles choses m'agacent, de nouvelles choses m'amusent, de nouvelles choses me rendent triste, d'autres me rendent heureux ; pourtant, je vous assure, je n'ai pas changé du tout !

Les humains passent beaucoup de temps à regarder leur « moi ». Malheureusement, les « moi » que nous voyons sont rarement véridiques. Comme nous l'avons vu plus tôt, le « moi » que Juliette voit dans le miroir oscille en permanence entre le « moi » qu'elle voudrait voir et le « moi » qu'elle craint de voir. Donc Irina a intérêt à transférer le regard qu'elle porte sur elle-même vers Juliette. Le regard que Juliette porte sur Juliette est un cauchemar pour Juliette, mais une aubaine pour Irina. Juliette ne veut pas se voir en train de rougir. Juliette a honte du rose virginal qui empourpre ses joues et cette honte est un ressort libérateur pour Irina.

Irina peut voir ce que Juliette voit quand Juliette se regarde elle-même. Irina ne peut pas se transformer pour devenir Juliette, mais Irina peut voir les différentes Juliette que voit Juliette.

Évitons de consacrer trop de temps au « je », mais rappelons-nous que les mutations du « moi » sont extrêmement utiles pour l'acteur.


## Exemples de « moi »

Les situations de crise nous obligent souvent à nous voir sous un nouveau jour. Or le théâtre montre souvent des situations de crise, ce qui veut dire que les acteurs jouent souvent des êtres qui apprennent à se voir sous un nouveau jour. Quand Juliette rencontre Roméo, elle compare ses mains à celles d'une sainte ; plus tard, le jour de ses fiançailles avec Pâris, elle parle de son visage taché de larmes comme s'il ne faisait pas partie d'elle-même.

*« Et cette vérité, je la dis à ma face »*

Juste avant de se droguer, elle continue à voir des Juliette totalement disparates. Elle voit une Juliette affolée qui court dans la tombe entourée d'images dignes d'Edgar Allan Poe :

*« Oh ! si je m'éveille ainsi, est-ce que je ne perdrai pas la raison,*
*environnée de toutes ces horreurs ?*
*Peut-être alors, insensée, voudrai-je jouer avec les squelettes de mes*
*ancêtres,*
*Arracher de son linceul Tybalt mutilé,*
*Et, dans ce délire, saisissant l'os de quelque grand-parent*
*Comme une massue, en broyer ma cervelle désespérée ! »*

C'est une étrange Juliette à voir de la part de Juliette. Et à coup sûr, cette Juliette étonne Juliette. Le dernier « moi » de Juliette est un fourreau pour le poignard de Roméo :

*« Voici ton fourreau… Rouille-toi là et laisse-moi mourir ! »*

Pour prononcer une plaisanterie aussi macabre, Juliette doit bel et bien avoir changé. Certes. Mais du point de vue de qui ? La jeune fille pudique du balcon n'aurait jamais volontairement mélangé le sexe, la violence et la putréfaction, se décrivant comme l'étui mort de l'arme corrodée de Roméo. Pour nous qui voyons Juliette de l'extérieur, bien sûr, elle a changé. Mais pour Juliette, le « je » qui parle reste le même. Elle est la même personne mais elle a changé d'adresse, c'est-à-dire qu'à ce moment-là elle a déménagé dans un monde peuplé de rire amer et d'ironie scabreuse.

Si l'acteur qui cherche son personnage se sent bloqué, c'est peut-être parce qu'il ou elle ne cherche pas au bon endroit ; il cherche peut-être le « je ». Nous devons admettre que nous ne trouverons jamais le « je ». Mais le « moi », peut-être.

# 11. LA MATRICE

On recommande parfois aux acteurs d'écrire une biographie de leur personnage, par exemple, de décrire l'endroit où Juliette est née, son enfance, etc. Mais si Irina ne se sent pas à l'aise avec ce genre de préparation, si elle est intimidée par la montagne de matériaux disponibles, elle peut opter pour une approche alternative. Il suffit qu'elle se rappelle que la biographie est basée sur une histoire passée et que toute histoire passée appartient à l'histoire. Mais la vision occidentale de l'histoire est arbitraire. En Occident, nous avons tendance à nous considérer comme les produits du passé et à croire que les germes du futur se trouvent déjà dans le présent. Ainsi, pour nous, une histoire ou une biographie ont une durée définie au cours de laquelle le futur devient progressivement le présent et le présent devient progressivement le passé. Nous pouvons envisager l'histoire comme un rail sur lequel un train avance continuellement. La vision d'Einstein était moins rassurante ; il demandait sèchement : « *À quelle heure cette gare quitte-t-elle au train ?* »

Les tantriques asiatiques entretiennent aussi une autre vision de l'histoire ; ils pensent qu'elle est sans cesse inventée par le présent. Comme si nous étions sur un bateau, le regard rivé sur les vagues creusées dans son sillage.

Eh bien, mettons qu'Irina se soit renseignée sur toutes les étapes du développement de Juliette et qu'elle se reproche encore de ne pas avoir assez creusé ou qu'elle se sente toujours intimidée par ce type de travail. Elle peut alors se rappeler que l'histoire ou la biographie ne sont pas forcément linéaires. L'histoire peut aussi être considérée comme une *matrice*.

## La matrice

« Il s'est passé A, puis il s'est passé B, puis il s'est passé C » : Voilà une des visions de l'histoire. « A s'est produit parce que B s'est produit parce que C s'est produit » est une version un petit peu plus sophistiquée. Dans les deux cas, les événements se produisent successivement. Le temps est une ligne droite et les événements arrivent les uns après les autres le long de cette ligne. Pourtant, nous voyons aussi que « A se produit et B se produit et C se produit. » Cette perception est très différente. Il ne s'agit pas d'une ligne droite où le temps serait le catalyseur des événements. Dans cette vision, le temps et la succession sont deux entités séparées.

Passons-nous successivement de l'enfance à l'adolescence à l'âge adulte à la vieillesse ? Logiquement, oui. Mais parfois, nous devons bien reconnaître que nous traversons chacune de ces phases au cours d'une même journée. Nous pouvons tracer un chemin pour traverser la forêt, mais nous oublions souvent que ce chemin est arbitraire. Le chemin est pour nous, pas pour la forêt. La forêt poursuivra son évolution, avec ou sans le chemin.

L'histoire de nos vies personnelles est aussi provisoire que n'importe quel chemin. La perception que chacun a du passé est une chose délicate. La conclusion de tout ça est qu'Irina réussira autant à se libérer en imaginant Juliette à cinquante ans qu'à cinq ans.

La vision matricielle d'un rôle consiste à accepter le fait que nous pouvons péter les plombs sans aucune raison apparente, tomber amoureux sans aucune raison apparente, nous entendre avec quelqu'un sans aucune raison apparente ou avoir peur sans aucune raison apparente.

Au cours des répétitions, Irina entendra sûrement des questions comme : « *À ton avis, pourquoi Juliette tombe amoureuse de Roméo ?* » Et parmi les réponses possibles, on trouve :

- Parce qu'il est beau.
- Parce qu'elle veut punir son père.
- Parce qu'elle veut fuir la maison familiale.

Chacune de ces réponses, superficielles, intelligentes ou cyniques, peut enrichir le travail invisible. Mais la question « pourquoi » sous-entend qu'il y a une cause précise à tout. « Pourquoi » implique que tout événement qui se produit entraîne un autre événement. Chacune des trois réponses prétend qu'il existe une raison précise pour laquelle Juliette tombe amoureuse de Roméo.

Mais la vie réelle n'est pas aussi bien organisée que nous le voudrions. Une de nos erreurs en répétition est de vouloir trouver des raisons et une cohérence qui n'existent tout simplement pas dans la réalité. La vie est beaucoup plus aléatoire et désordonnée que nous ne sommes prêts à le voir. Il existe de multiples raisons qui font que nous tombons amoureux, de multiples raisons qui font que nous faisons des tas de choses. Et parmi elles beaucoup que nous ne connaîtrons jamais. Certains événements et sentiments surviennent aussi peut-être sans aucune raison. Même si cette hypothèse est troublante, elle peut débloquer l'acteur figé dans sa recherche du personnage.

## Image et personnage

La matrice peut aussi aider Irina à explorer l'imagerie de Shakespeare. Cette imagerie n'est pas linéaire ; des motifs apparaissent, disparaissent, ressurgissent sous de nouvelles formes, se répondent, meurent et renaissent. Irina peut chercher des indices sur ce que Juliette voit concrètement dans telle image ou telle association d'idée surprenante. Les images de Shakespeare résonnent entre elles et s'alimentent les unes les autres pour nourrir l'imaginaire de l'acteur.

*Stt ! Roméo ! Stt !... Oh ! que n'ai-je la voix du fauconnier*
*pour réclamer mon noble tiercelet !*
*Mais la captivité est enrouée et ne peut parler haut :*
*Sans quoi j'ébranlerais la caverne où Écho dort,*
*et sa voix aérienne serait bientôt plus enrouée que la mienne,*
*tant je lui ferais répéter le nom de mon Roméo!*

*Il est presque jour. Je voudrais que tu fusses parti,*
*mais sans t'éloigner plus que l'oiseau familier d'une joueuse enfant :*
*Elle le laisse voleter un peu hors de sa main,*
*pauvre prisonnier embarrassé de liens,*

*et vite elle le ramène en tirant le fil de soie,*
*tant elle est tendrement jalouse de sa liberté !*

*Ami, je le voudrais aussi ;*
*mais je te tuerais à force de caresses.*
*Bonne nuit ! bonne nuit ! Si douce est la tristesse de nos adieux*
*que je te dirais : bonne nuit ! jusqu'à ce qu'il soit jour.*

D'abord  Juliette rêve d'avoir la voix d'un fauconnier pour rappeler Roméo à elle. Dans la séquence suivante, l'oiseau n'est plus un faucon dressé, mais un oiseau domestique qu'un enfant a attaché à un fil pour que son trésor adoré ne puisse jamais s'échapper. Enfin, Juliette fait seulement allusion à l'oiseau. Nous sentons que l'oiseau a peut-être été étouffé par l'affection de l'enfant. Il est remarquable qu'une ingénue de quatorze ans devine le côté sombre de l'amour mieux qu'un héros de guerre ronchon comme Othello.

Les exercices de mémoire sensorielle peuvent aussi aider Irina à creuser ces sentiments.

• « *Quand ai-je senti que ma possessivité et ma jalousie pouvaient tuer ?* »
• « *Comment me suis-je senti à cet instant précis ?* »
• « *Avais-je déjà eu ce type de sentiment avant ?* »
• « *Comment m'étais-je senti alors ?* »
• « *Comment puis-je utiliser ces sentiments passés dans le présent ?* »

Bien que cette personnalisation soit efficace pour certains acteurs, elle peut aussi en bloquer d'autres. Si Irina s'aperçoit que ces outils de mémoire sensorielle ne l'aident pas, elle pourra se rappeler la perception tantrique selon laquelle le passé est généré par le présent. Plus précisément, il est extrêmement utile pour Irina d'observer que les enjeux qui augmentent perturbent le cours du temps. Ou plutôt que notre perception du temps change quand les enjeux augmentent. Un exemple pourra clarifier cette idée.

## L'accident de voiture

Le témoin d'un accident de voiture vit une expérience très étrange du temps. Au moment où le vélo heurte de plein fouet la voiture, il entend un long crissement de freins et un cri infini. Le cycliste est projeté en l'air et semble flotter et tournoyer au-dessus de la voiture avant de traverser le pare-brise. Le témoin se tourne au ralenti pour appeler les secours. Les gyrophares bleus et les sirènes hurlantes mettent une éternité à arriver, mais finalement, les secours déclarent que le cycliste et l'automobiliste n'ont que quelques égratignures. Le témoin comprend alors que cette chorégraphie au ralenti n'a duré que quelques secondes et qu'à l'instant-même où le cycliste a été propulsé dans les airs, il s'est jeté sur son téléphone.

Irina a peut-être déjà eu le sentiment que le temps ralentissait ou s'arrêtait. Elle a peut-être rencontré quelqu'un à une fête et s'est soudain mise à lui parler de façon étrange. Elle a peut-être vécu l'expérience déroutante de raconter la vérité à un inconnu, un de ces moments bizarres où nous ouvrons soudain notre cœur, où le temps se déforme et où nous nous sentons plus « pleins » que nous ne le croyions. Si Irina peut prêter attention à ces moments quand ils surviennent dans le privé tout en ayant foi en leur utilité pour son travail, elle apprendra peut-être que dans la scène du balcon, Juliette peut en réalité réinventer toute l'histoire personnelle de Juliette. Il se peut que Roméo la libère de la dimension normale du temps. La cible peut aussi la libérer de son personnage. Par exemple, qui prononcerait ces mots étranges :

*« Mais la captivité est enrouée et ne peut parler haut :*
*Sans quoi j'ébranlerais la caverne où Écho dort... »*

Irina peut analyser les menus détails de la biographie de Juliette pour découvrir ce que Juliette veut dire à travers cette image déroutante. Mais elle peut aussi déclarer : « *Ce n'est pas Juliette qui a dit ces mots, c'est quelqu'un d'autre.* »

Comment est-ce possible ? Qui d'autre peut parler par la bouche de Juliette ? Au fur et à mesure que les enjeux augmentent, mon sentiment de moi-même se met à changer. Des idées, des visions, des propos que je ne pensais pas avoir en moi surgissent soudain. Parfois, je me demande qui parle avant de me rendre compte que c'est moi. Si les enjeux continuent à grandir, je pourrais même ne plus savoir qui je suis. Mon identité minutieusement échafaudée tombera comme la peau d'une chrysalide. Quand les enjeux augmentent, intérieurement, nous avons moins l'impression d'incorporer des images du passé que de découvrir quelque chose qui, à partir de maintenant, existera toujours – et qui, étrangement, aura toujours existé.

Par exemple, nous avons tous déjà eu l'impression d'avoir toujours connu quelqu'un que nous venons de rencontrer. En effet, si on interrogeait Juliette, elle ne saurait peut-être pas d'où lui est venue l'idée d'une chose « *aussi illimitée que la mer* ». Peut-être n'a-t-elle jamais vu la mer. Peut-être la voit-elle pour la première fois quand elle prononce ce vers. Puis elle enchaîne les images d'oiseaux alors qu'elle n'a peut-être aucune connaissance ornithologique. Certes, Juliette et Irina doivent savoir ce qu'est un « *tiercelet* », mais les situations de crise font surgir toutes sortes de lexiques et d'informations enfouies en nous. La reconnaissance enclenche la découverte, comme nous l'avons vu avec la persona.

> « *Mais la captivité est enrouée et ne peut parler haut :*
> *Sans quoi j'ébranlerais la caverne où Écho dort...* »

Juliette est-elle consciente de la violence de l'image ? Sait-elle que si elle se compare à Écho, alors Roméo doit être Narcisse ? Sait-elle que la caverne ébranlée est une image explicite de la virginité perdue ? À ce stade, certainement pas, mais chacun de ces réflexions peut enrichir le travail invisible d'Irina.

On dit que l'intimité, comme la confiance, est une question de temps. La confiance, l'amour, l'intimité ont, paraît-il, besoin de temps pour se développer. Pourtant, l'expérience n'est pas toujours là pour le prouver. Quand les enjeux augmentent, le Temps désobéit aux règles que nous avons inventées pour lui. Par exemple, quand je tombe amoureux, je peux avoir l'impression que : « *Je t'aime, je t'aimerai toujours – et je t'ai toujours aimé.* »

L'histoire n'a rien à voir avec le passé. L'histoire est notre perception actuelle des événements passés. L'histoire n'est qu'une succession de réinventions. L'histoire n'est pas seulement insensée, elle est hautement subjective. Juliette (et donc Irina) a la capacité de réinventer totalement le passé et le personnage de Juliette dans l'instant, au moment où elle monte sur le balcon. Rien n'est plus imprévisible que le passé.

# 12. « Je ne sais pas où je suis »

Comme toutes les pattes de l'araignée, « *Je ne sais pas où je suis* » répète deux fois le mot « je ». Dresser un constat autour du « je » ne sert à rien. Encore une fois, nous pouvons aborder le problème autrement et relire la phrase en nous intéressant non pas à son contenu, mais à sa forme. Comme dans les autres pattes de l'araignée, dans toutes les langues, le même mot revient deux fois : I, Ich, Je, Ya, Io, Yo ou Я (pour représenter le caractère cyrillique du « ya »).

Avant de nous lancer à nouveau dans les règles, occupons-nous du mot « où ». « Où » renvoie à l'espace. Le balcon n'est pas l'espace. Le balcon est dans l'espace. Le balcon divise l'espace. Le balcon crée donc une règle. L'espace n'est pas neutre et Juliette ne peut pas faire tout ce qu'elle veut dans l'espace.

Pendant la campagne présidentielle américaine, à l'occasion d'un débat télévisé, les candidats furent invités à visiter le plateau avant l'enregistrement du duel. L'un d'eux arriva, vérifia la position du pupitre et des fauteuils et dit que cela lui convenait. L'autre arriva sur le plateau, vérifia à son tour la position du pupitre et des fauteuils, mais passa ensuite un temps fou à s'entraîner à s'asseoir, à se lever, à courir vers le pupitre, à marcher vers le fauteuil, à attraper son verre d'eau sur la table, à boire, à reposer le verre. Le manque d'assurance du candidat faisait doucement sourire les producteurs. Il remporta le débat et l'élection.

Au début des répétitions, un exercice consiste à laisser Irina découvrir l'espace. Comme beaucoup d'exercices, il est simple en apparence. Il est important qu'Irina découvre tout ce qu'elle peut faire dans l'espace : courir, sauter, taper, s'appuyer, sortir, rentrer, piétiner, se balancer, danser, ramper, rouler, etc. Une fois qu'elle a cerné les possibilités et les limites de son corps dans l'espace, elle peut s'atteler à une nouvelle tâche qui consiste à cerner les possibilités que l'espace peut offrir à Juliette. Irina a un espace, Juliette en a un autre. Irina ne doit pas subir l'espace, mais Juliette doit subir l'espace. Irina doit découvrir quelles libertés et quelles contraintes l'espace offre et impose à Juliette.

Juliette entre dans l'espace : « *Roméo, Roméo, pourquoi es-tu...* » etc. Quel espace voit-elle ? La nuit ? La lune ? Un balcon familier ? Une lune inconnue ? Un balcon qui a rétréci au fur et à mesure qu'elle a grandi ? Une lune changeante ? Et un Roméo qu'elle ne voit que dans son imagination.

• Quelles possibilités toutes ces cibles offriront-elles au corps de Juliette ?
• L'espace forcera-t-il Juliette à bouger ?
• La lune demandera-t-elle à être touchée ?
• Le balcon exigera-t-il qu'elle s'appuie sur lui ?
• Le sol la laissera-t-il marcher sur lui ?
• Ou l'obligera-t-il à courir?
• La porte la laissera-t-elle se balancer sur son cadre ?

- La nuit la poussera-t-elle à la défier ?
- Le froid la fera-t-elle trembler ?
- Sa robe rendra-t-elle son corps plus gros ?
- Les étoiles rendront-elle son corps petit ?


## L'espace vous trouvera

Même si la peur d'Irina ferme ses membres à l'espace, l'espace sera toujours là. Après tout, c'est une cible, il doit donc obéir à toutes les règles. Nous ne pouvons pas créer la cible et nous ne pouvons pas non plus la détruire. Tout ce qu'Irina a à faire, c'est voir l'espace que Juliette voit. Parfois, cela semble incroyablement difficile. Pourtant ce n'est pas compliqué de voir ; seul le blocage est complexe. Comment Irina peut-elle aider son corps à voir ?

D'abord, Irina doit arrêter de boucher la vue d'Irina. Ensuite, elle doit empêcher Juliette de boucher la vue d'Irina. Irina doit voir à travers Juliette ce que Juliette voit. Comme toujours, Irina ne peut pas voir ce que Juliette est ; Irina ne peut voir que ce que Juliette voit.

« *Je ne sais pas où je suis* » ressemble à une réaction viscérale, un cri, une simple expression émotionnelle de la peur. Mais en y regardant de plus près, on s'aperçoit que le cri survient en réaction à la théorie. Une théorie qui voudrait que « je » puisse savoir où je suis, sans lien particulier avec l'espace.

Même si Irina ne sait pas où elle est, l'espace sait où est Juliette.

De plus, dans la panique, le mot utile, le « moi », a disparu. Les constructions autour du « moi » offrent plus de libertés. Par exemple :

- « *Le balcon m'arrête.* »

- « *La nuit m'enhardit et m'appelle.* »
- « *L'image du Montaigu m'enrage et me pousse à m'énerver contre lui.* »

Le balcon, la nuit et l'image du Montaigu imposent chacun leurs règles à Juliette. Irina peut peut-être faire ce qu'elle veut dans l'espace, mais pas Juliette. Les cibles restreignent, contraignent, modèlent, limitent et entravent les mouvements voulus par Juliette. Et de ce conflit naît l'énergie du jeu. Prises ensemble, toutes ces cibles constituent l'espace de Juliette, qu'il s'agisse du balcon ou de l'image du Montaigu. Irina doit laisser le corps de Juliette dépendre du balcon, de la nuit et de l'image du Montaigu avant d'être libre de bouger en tant que Juliette.

Irina croit peut-être qu'elle veut être libre, mais la peur nous amène souvent à confondre indépendance et liberté. Si Irina laisse Juliette faire tout ce qu'elle veut dans l'espace, si Juliette est indépendante de toutes les cibles qui l'entravent, alors Irina se retrouvera bloquée.

L'acteur doit renoncer à toute forme d'indépendance vis-à-vis de l'espace et chercher plutôt toutes les contraintes et les issues que l'espace offre et impose au corps du personnage.

Vous ne pouvez pas être perdu dans l'espace. Le vide n'existe pas.

## Espace et conflit

Le corps de Juliette est toujours en conflit avec l'espace. Elle peut lui obéir ou essayer de lui désobéir. L'espace impose une règle que Juliette peut ou non essayer de briser. La prison du personnage est la liberté de l'acteur.

« *Je ne sais pas où je suis !* » ressemble au cri d'une victime. Mais le double « je » exprime aussi l'inverse. Ce cri peut aussi être celui d'une personne qui veut tout contrôler. C'est parce qu'au fond, Irina refuse d'être victime des circonstances qu'elle proclame son indépendance vis-à-vis d'elles.

Le monde ne se plie pas toujours à nos volontés et nous n'aimons pas beaucoup ça. Mais la capacité du monde à agir indépendamment de nos volontés peut aider Irina. La cible doit être indépendante d'Irina pour pouvoir la libérer ; la liberté d'Irina ne peut exister que si elle reconnaît que la cible est sa maîtresse, sa servante et son guide.

## Un crustacé

« Le personnage » et « l'espace » ont énormément de points communs. En réalité, mon « personnage » est une sorte d'espace que j'occupe. Cela peut aider Irina d'imaginer que le personnage est externe, comme la carapace protectrice d'un crustacé, à l'opposé du squelette interne du vertébré. Irina a donc intérêt à chercher ce qui est déjà là, à l'extérieur, au lieu d'essayer de construire tout un édifice intérieur. Laissons Irina trouver au lieu d'inventer. Laissons-la imaginer que les décisions ont déjà été prises ; elle n'a plus qu'à les découvrir. Encore une fois, la curiosité est une amie plus précieuse que la créativité. Comment cela fonctionne-t-il en pratique ? Mettons qu'il y ait un fauteuil sur le balcon. Irina peut découvrir si Lady Capulet s'y est assise ou non. La seule personne qu'Irina peut interroger est… Irina.

Mais au lieu d'inventer une réponse, il est plus utile qu'Irina fasse semblant de se souvenir de ce qu'elle savait déjà. Est-ce le fauteuil de sa mère ? De son père ? A-t-il toujours été là ? Ou bien a-t-il été déplacé ? Quels souvenirs peut-elle retrouver, redécouvrir, revoir ? Chacune de ces découvertes limitera les façons dont le fauteuil permettra qu'on s'assoie sur lui. Laissons le fauteuil décider. Laissons Irina découvrir ce que le fauteuil exige. Que voit-elle exactement quand elle voit les murs du jardin ? Au lieu d'inventer une histoire, laissons Irina voir les murs et se demander pourquoi elle sait qu'ils sont « *hauts et difficiles à gravir* ». La nourrice l'a-t-elle rossée enfant après l'avoir surprise en train d'essayer de se faire la belle ? Encore une fois, rien n'est plus imprévisible que le passé.

Bien sûr, Irina peut aussi changer toutes les découvertes qu'elle a déjà faites. Elle peut découvrir au cours des répétitions qu'en réalité, ça n'était pas le fauteuil de sa mère, mais celui où la Nourrice l'allaitait. Ou bien, si Irina voit le fauteuil où son père s'asseyait, ce fauteuil peut aussi exiger qu'elle s'assoie sur lui d'une façon précise. Il imposera des règles concrètes à son corps. Il lui dictera comment bouger pour les respecter – langoureusement, nerveusement, avec ampleur ou avec réserve, sur l'assise ou sur l'accoudoir, avec tendresse, avec respect ou avec méfiance.

Irina a intérêt à se considérer moins comme une créatrice que comme une exploratrice intrépide déterminée à percer les mystères du fauteuil. L'artiste trouve plus qu'il ne crée ou ne contrôle. Dire que nous sommes des découvreurs et non des inventeurs n'est pas de la fausse modestie, c'est la réalité.

## Digression : obéissance et désobéissance

L'espace comporte des règles. Juliette peut obéir à certaines d'entre elles – par exemple, il serait idiot de sa part de sauter du balcon. Mais elle peut essayer de désobéir à d'autres. Elle sait que le balcon constitue un obstacle insurmontable, mais elle peut quand même essayer de toucher Roméo en se penchant par-dessus la rambarde. Les personnages essaient souvent de briser les règles de l'espace. Macbeth essaie de serrer un poignard invisible. Cléopâtre essaie de caresser un aspic venimeux. Pyrame essaie de voir à travers un mur. Quand les enjeux deviennent plus importants, nous tentons souvent de transcender les limites de notre espace. Dans la vraie vie, nous essayons toujours de briser des règles inflexibles et nos échecs répétés ne nous empêchent pas de continuer.

Pour l'acteur, l'espace est artificiel. Même le décor le plus réaliste du monde, avec des portes solides et des vitres en verre, ne sépare pas Irina de Vérone, mais du poste du régisseur. Pourtant l'acteur doit permettre au personnage de croire complètement à l'espace. Juliette doit être parfaitement persuadée que son environnement est réel. Sinon, Juliette ne peut pas exister. Car Juliette ne peut pas exister sans contexte – un contexte auquel Juliette croie complètement. Un espace que Juliette peut aimer et détester, chérir et essayer de détruire.

L'acteur ne doit en aucun cas laisser le personnage inventer l'espace. L'espace doit être là, prêt à être vu par le personnage.

## Désobéir à l'espace

Selon un vieil adage théâtral, vous ne pouvez pas jouer le roi, c'est la cour qui doit jouer que vous êtes le roi. Pour le roi, la cour fait partie de l'espace. Si le roi ne croit pas que la cour voit en lui un roi, l'acteur sera sans cesse obligé de faire le roi, de lever le nez et de marcher très lentement en traînant derrière lui son hermine. L'acteur doit pouvoir croire que s'il s'asseyait par terre et jouait avec le fou, la cour serait choquée. Si l'acteur ne croit pas que la cour le voit comme un roi, il ne sera jamais assez libre pour jouer le roi.

## L'espace dit toujours « non »

L'espace dans lequel nous nous déplaçons nous résiste toujours ; même l'air est en conflit avec nos corps. Ces résistances créent de la friction ; or la friction produit de la chaleur et même du feu et de la lumière. Il est important qu'Irina fasse l'expérience du plus grand nombre de résistances possibles. Pourtant, plus nous nous concentrons, plus nous nous égarons à l'intérieur de nous-mêmes et devenons insensibles à ces minuscules résistances. Juliette est modelée par son espace comme la côte est sculptée par le vent et la mer. La falaise ne décide pas toute seule de sa propre forme.

Nous savons qu'Irina ne peut pas changer son état pour se transformer en Juliette. Mais Irina peut voir les éléments, les espaces et les résistances qui ont formé Juliette, qui l'ont nourrie et déformée et qui essaient toujours de régir ses mouvements. Pour l'acteur, l'espace n'est jamais vide, l'espace est toujours chargé de sens. Pour l'acteur, l'espace n'est jamais neutre ; sinon l'acteur lui-même deviendrait neutre et perdrait son énergie. Mais attention, encore une fois, la neutralité n'est qu'une théorie.

## Vie et mort

Notre conflit avec l'espace ne s'arrête qu'à notre mort. Et quand nous mourons, nous nous fondons avec l'espace. La distance, la différence et le conflit avec l'espace sont les dynamiques fondamentales de la vie. Les physiciens ont découvert qu'aucune surface n'est assez lisse pour se passer de friction. Laissons donc Irina découvrir quelles résistances l'espace exerce sur le corps de Juliette. La découverte de ces résistances aidera Irina à se mouvoir en tant que Juliette. Mais si, sans écouter l'espace, Irina prend des décisions créatives conscientes sur la façon dont Juliette devrait bouger, elle se bloquera.


## L'espace changeant

Comme tout le reste, l'espace est fluctuant. Donc quand Roméo se fait connaître sous le balcon, l'espace de Juliette change. Bien sûr, l'espace ne change pas réellement, mais ce genre de vérité n'est pas utile. Quand Juliette entre, il existe déjà pour elle un espace plein : de nuit, d'étoiles, du balcon. Et quand Roméo vient soudain s'ajouter à cette espace, elle ne voit pas l'espace d'avant auquel s'ajoute Roméo, mais un tout nouvel espace. La présence de Roméo ne modifie pas seulement les règles de l'espace, mais aussi la nature de tout ce que Juliette voyait dans l'espace jusqu'alors. La nuit est maintenant différente ; elle révèle et dissimule ; la nuit est soudain plus dissimulatrice et aussi plus dangereuse. La nuit est différente pour Juliette parce que les enjeux de la nuit ont brusquement augmenté. Non seulement la nuit a changé, mais le balcon est aussi devenu étranger. D'un coup, le balcon est à la fois plus protecteur, plus frustrant, plus ridicule, plus important et les façons dont il demande à être touché ou rejeté, les façons dont il appelle Juliette à s'appuyer, se pencher, s'assoir, se cacher vont changer radicalement. Irina ne se transforme jamais, Juliette ne se transforme jamais, le « je » ne se transforme jamais ; c'est tout le reste qui change, comme la lune inconstante.

Les premiers astronomes affirmaient que l'univers tournait autour d'une Terre immobile et ce principe est encore utile pour l'acteur. Nous ne nous transformons pas, c'est l'espace qui se transforme. Nous ne contrôlons rien, c'est la situation qui nous contrôle.

La robe de Juliette change pour elle, les doigts de Juliette changent pour elle, le visage de Juliette change pour elle. Les enjeux de Juliette deviennent plus grands : Va-t-elle rougir, va-t-elle sentir le vent plus froid sur ses joues de plus en plus brûlantes, l'air sera-t-il plus difficile à aspirer, ses lèvres vont-elles prononcer les mots justes ? Les membres et les gestes de Juliette sont de plus en plus à la merci des informations transmises par ses sens. Peut-être veut-elle que Roméo voie une jeune femme en colère, une fille intelligente ou une Juliette parfaitement impassible.

## L'espace naît avant le personnage

Pourquoi la scène du balcon reste-t-elle le symbole éternel de l'amour romantique ? La réponse n'a pas grand-chose à voir avec les personnages et tout à voir avec l'espace. Ce ne sont pas les amoureux qui font la scène, c'est le balcon. Si les amoureux se trouvaient dans un espace commun, ils nous émouvraient beau-coup moins. Leur passion a besoin d'un obstacle pour s'exprimer. Le balcon exerce une action : il sépare les deux amants. Leur réaction est d'essayer de combler cet écart. La lutte pour atteindre celui que nous aimons est universelle car c'est la distance qui nous permet de ressentir ce que nous ressentons. Il n'y a pas d'amour sans séparation.

## Jouer et désobéir

Une grande partie du travail de l'acteur consiste à déterminer ce à quoi il doit désobéir et ce à quoi il doit obéir. Alex sait qu'il est physiquement impossible pour Roméo de bondir sur le balcon. C'est une donnée physique. Ce qui ne doit pas pour autant empêcher  Roméo d'essayer.

S'interroger sur la désobéissance de Juliette permettra à Irina d'arriver plus rapidement à voir à travers les yeux de Juliette. Elle doit d'abord se demander : « *Comment Juliette désobéit-elle ?* » Transgresse-t-elle des règles sociales, sexuelles, religieuses, politiques, domestiques et/ou personnelles ? Avant de passer des heures de répétitions en discussions passionnantes, il peut être intéressant de concrétiser ou de matérialiser ces généralités. Va-t-elle faire du mal à son père ? Va-t-elle faire du mal à sa mère ? Quelle est la différence ? Juliette va sans doute apprendre beaucoup de choses sur elle-même, sur sa famille et la société dans laquelle elle vit en se posant ces questions au fil de la pièce. Et, du coup, Irina aussi. Irina doit s'interroger sur la nature de la vraie désobéissance de Juliette.

## Digression : théâtre et désobéissance

Le théâtre est rempli de « désobéisseurs ». Il est intéressant de noter que Shakespeare était obsédé par le thème de la jeune fille qui désobéit à son père. Le personnage qui désobéit au père vivant ou qui lutte pour obéir au père mort est le fer de lance de beaucoup de ses pièces. Hamlet réussit à faire les deux en même temps. Mais l'obéissance/désobéissance filiale est aussi un thème majeur pour Œdipe et Oreste dans l'*Orestie*, pour Hémon dans *Antigone*, pour Rodrigo dans *Le Cid*. Treplev hésite entre obéir et désobéir à Arkadina dans *La Mouette*. Les Évangiles prêchent souvent la désobéissance filiale, sauf dans les noces de Cana où Jésus répond malgré lui à la peur de manquer de sa mère en altérant la réalité. La plupart des romans que nous lisons, des films que nous regardons et des journaux que nous achetons parlent de gens qui bravent l'autorité. Mais quand nous sommes enfin amenés à désobéir, l'expérience ne ressemble pas à ce que nous avions imaginé. Le théâtre est obsédé par cet acte adulte, peut-être pour nous y préparer, comme la mère qui se cache derrière le coussin.


## Digression : anesthésie et obéissance

La civilisation a du mal à accepter la désobéissance. Pourtant, nous avons besoin de désobéir et aucune civilisation n'a jamais pu anéantir complètement ce penchant humain.

La civilisation fabrique des anesthésiants utiles et des anesthésiants extrêmement dangereux. L'anesthésie annihile les sens et nous empêche de voir les stimuli.

La civilisation se sert de l'anesthésie pour faire passer un acte d'obéissance totale pour son contraire. L'anesthésiant nous brouille l'esprit au point de nous faire croire qu'un acte de soumission est révolutionnaire ou subversif. La désobéissance peut se couvrir du masque de l'obéissance et vice versa. Par exemple, le commerce des stupéfiants semble détruire l'ordre social alors qu'en réalité, le dealer de drogue est un vrai conservateur parce que l'énergie qu'il pourrait utiliser pour transformer la société est canalisée et endormie au point de lui faire accepter l'ordre établi. Le toxicomane commet un acte d'obéissance majeure à chaque fois que l'aiguille entre dans sa peau. Cette anesthésie fait passer l'esclavage pour du pouvoir. Que nous croyions à cette théorie ou non, il peut être utile de nous interroger sur ce qu'est la vraie désobéissance.

## Digression : la panique

Au fur et à mesure que les enjeux augmentent, nous nous lançons dans une guerre intime entre la concentration et l'attention, voir et montrer, moi et la cible. Quand l'agresseur sort son couteau, il coupe le moi en deux avant même de toucher la chair. Quand le couteau apparaît, l'adrénaline se met à couler dans mes veines pour augmenter mes forces et mes réflexes. Cette attention extrême peut nous donner l'impression que le temps ralentit. Je sais que mon sort dépend de moi, mais je sais aussi que ma vie dépend de toutes les informations que je peux intégrer. Je juge ce que je vois : les mouvements de ses yeux, l'hésitation de la lame, la tension de son poignet, la distance précise entre moi, la porte et les gens qui s'enfuient dans son dos, la force de mes bras, la vitesse de mes jambes et la fermeté de ma volonté.

Au même moment, un autre sentiment cherche à attirer mon attention, un sentiment que nous appelons généralement la panique et que nous reconnaissons immédiatement comme notre ennemi. Dans une situation aussi dangereuse, nous sentons

instinctivement que si nous nous laissons gagner par ce sentiment, nous pouvons mourir. L'adrénaline affine ma perception
de la cible alors que la panique stimule la concentration. Pour
survivre, je dois oublier la panique. Je dois oublier ce que « je »
ressens. Une lutte impitoyable a lieu entre ces deux tendances.
Si je succombe aux attaques de la panique, je perdrai le combat
contre la vraie menace.

L'acteur découvre ce que le personnage est en voyant l'espace
tel que le personnage le voit, comme un ensemble de règles à
suivre ou à enfreindre. Seule la cible changeante situe le personnage. Le monde est découvert et non créé, trouvé et non imposé.

# 13. « Je ne sais pas comment je dois bouger »

L'endroit où je suis et la façon dont je bouge sont indissociables. Comme nous l'avons vu, l'espace nous oblige à bouger d'une certaine façon. Pour que cette relation apparaisse, il faut avoir l'esprit attentif, mais aussi le corps attentif. Bien sûr, on a tort de croire que l'esprit et le corps sont deux entités séparées.

Le corps doit être entretenu. Mieux vaut avoir le corps souple et dynamique. L'acteur doit entretenir son corps non pas pour se sentir bien ou beau, mais pour pouvoir être à l'écoute des stimuli extérieurs. Le corps doit être relié naturellement aux sens pour que la cible soit immédiatement prise en compte. Par exemple, quand Roméo sort de l'ombre et s'écrie : « *Je te prends au mot !* » Irina aura peut-être l'idée de reculer dans l'ombre. Mais si Juliette sursaute, ça ne peut pas être parce qu'Irina a pris cette décision consciente au cours des répétitions ; ça ne peut être que parce que Juliette réagit dans l'instant. Au final, Irina doit digérer toutes ses idées de sorte qu'en jeu, son corps puisse réagir spontanément à ce que Juliette voit. Le corps d'Irina doit être alerte au point de donner l'impression que son système nerveux central connecte immédiatement et automatiquement ses muscles à la cible. Idéalement, elle réagira sans réfléchir. Tous ses muscles doivent être à l'écoute de la cible.

## Motilité

La capacité du corps des acteurs à être à l'écoute du moindre stimulus est tellement importante qu'elle mérite son propre paragraphe. J'appelle ça la « motilité ».

Irina doit exercer sa motilité pour être « motile ». La capacité du corps des acteurs à réagir au moindre stimulus est extrêmement précieuse. Je ne parlerai jamais assez de l'importance de la motilité, pourtant, elle est difficile à décrire. Bien sûr, un personnage précis peut avoir pour caractéristique de réagir au quart de tour au moindre stimulus. Mais il s'agit là d'un choix de personnage. Le héros de film le plus cool, s'il est bien joué, aura les yeux si vivants qu'ils paraîtront chargés de pensées. Ces yeux seront motiles. Les acteurs bloqués réduisent cette motilité naturelle et ont tendance à refuser n'importe quelle occasion de bouger. Quand le jeu est fluide et vivant, que l'acteur est confiant, chaque occasion de bouger sera envisagée, même si elle est finalement rejetée. L'immobilité peut avoir beaucoup de force. Mais c'est un choix. Et même s'ils sont finalement écartés, la plupart des mouvements continuent à agir sur le travail invisible en renforçant la vitalité de l'acteur. La motilité d'Irina est précieuse. Les exercices suivants peuvent l'aider à la libérer.

## Le mouvement et la cible

Sans distance, il n'y a nulle part où aller. Si je suis exactement là où j'ai envie d'être, je ne peux pas accomplir de voyage. Sans distance, pas de chemin et donc pas de possibilité de mouvement.

Notre façon de bouger, comme tout ce que nous faisons, dépend entièrement de la cible. Nous ne nous déplaçons pas dans le vide. Nous nous déplaçons uniquement à cause de quelque chose ; nous nous déplaçons uniquement parce qu'autre chose existe. Un mouvement ou un geste est autant une réaction à une action qu'un fragment de texte. Nous bougeons pour accomplir quelque chose. Nous bougeons pour changer la cible. Nous bougeons d'abord et surtout parce que nous voyons la cible et, plus particulièrement, parce que nous voyons ce que la cible est déjà en train de faire, comme nous l'avons vu dans l'histoire de l'homme d'affaires étourdi. « *Je gigote sur ma chaise* » est moins utile que « *la couture de mon pantalon me gêne tellement que je n'arrête pas de gigoter sur ma chaise !* »

Les acteurs voient avec tout leur corps.

## L'exercice du message

Ces exercices sont voués à être mis en pratique plutôt qu'à être compris. Ils peuvent libérer un acteur coincé si les quelques règles sont respectées et si l'observateur est attentif.

Irina choisit les mots : « *Non ! Il y a toi, il y a moi et il y a l'espace !* » C'est le « message ». Une des règles de cet exercice est qu'une fois choisis, les mots du message ne peuvent pas être modifiés. Irina doit respecter l'intégrité du fragment comme s'il s'agissait d'un chef-d'œuvre de poésie.

Dans la scène qu'Irina essaie de débloquer, le « toi » devient Roméo, le « moi » Juliette et « l'espace » le balcon, le jardin, la famille dans l'enceinte de la maison, Vérone au-delà, tout ce qui existe au fond dans le monde tangible de Juliette. Irina répète ces mots à Roméo tout en gardant la situation en tête et elle joue le message de tout son cœur. Irina voit un Roméo qui ne comprend pas la différence entre ces trois entités et elle doit absolument la lui faire comprendre. La banalité de son texte la frustre et cette frustration va stimuler son corps et son imagination. Elle va employer des moyens de plus en plus inventifs et persuasifs pour faire sentir cette différence cruciale à Roméo. Petit à petit, Irina oubliera d'exprimer Juliette pour essayer de convaincre Roméo au moyen de toutes les armes qu'elle possède : sa voix, son intonation, ses gestes.

La première fois qu'Irina met cet exercice en pratique, l'observateur remarquera sûrement que quand elle parle des trois entités, elle « voit » la même chose, comme si elle fondait le « toi », le « moi » et « l'espace » ensemble, supprimant ainsi la distance qui existe entre eux. Or le « toi », le « moi » et « l'espace » sont forcément différents. Cette règle est tellement évidente que nous avons tendance à l'oublier. Elle est aussi invisible et importante que l'oxygène que l'acteur respire.

Dans la vie, nous sommes rarement amenés à différencier ces trois entités ; la distinction est déjà claire, essentielle. Pourtant, dans le jeu, nous avons tendance à nier l'évidence pour essayer de saisir une vérité plus sophistiquée. Irina ne doit pas oublier que quand elle joue, elle doit toujours séparer ces trois entités. Il est très facile d'effacer ces différences et cela peut engendrer d'énormes problèmes.

Cet exercice peut révéler des mécanismes de contrôle qui sabotent l'acteur. Le contrôle invisible bloque l'instinct de communication de l'acteur avec le monde extérieur. Ce mécanisme de contrôle est un des enfants de la Peur et il est particulièrement fatal pour l'acteur.

## Refiler le bébé

Irina peut se servir de sa frustration en la transformant, en imaginant que sa frustration est celle de Juliette. Laissons Juliette être frustrée que Roméo ne voie pas la différence criante entre ces trois entités. Laissons Juliette être la seule à lutter, la seule à « essayer ». Elle voit alors un Roméo qui a besoin qu'on lui explique ces différences, qu'on les souligne, qu'on les plante dans son crâne.

Par exemple, à travers ce message banal, Juliette essaie peut-être de dire :

*« Non, Roméo, tu es un Montaigu et moi, je suis une Capulet, nous ne pourrons jamais combler ce gouffre, ce balcon ne nous sépare pas aussi cruellement que nos noms. »*

Le message :

*« Non ! Il y a toi, il y a moi et il y a l'espace »*

peut aussi vouloir dire :

*« Non, Roméo ! Tu es un homme, je suis une femme et les langues vont bon train ; je joue plus gros que toi dans cette situation, etc. »*

Quand les enjeux augmentent, nous nous mettons tous à « essayer » : nous essayons de rester parfaitement immobiles quand l'ours s'approche de notre tente. Mais Juliette doit être la seule à « essayer ». Certainement pas Irina. Irina verra à travers les yeux de Juliette un Roméo qui a besoin qu'on lui apprenne que le monde, avec ses trois entités, n'est pas tel qu'il le perçoit. Son point de vue est faux. Juliette est persuadée que c'est son point de vue qui est juste… et fondamental. Elle doit donc changer ce que Roméo voit ; elle doit essayer de changer ce que Roméo croit.

## Tout texte change les convictions et les croyances

Tout texte tente de changer un point de vue. Y a-t-il des exceptions à cette règle ? Non. Mettons que quelqu'un vous dise : « *J'ai une mine affreuse, n'est-ce pas ?* » et que vous répondiez : « *Oui, tu as raison, tu as une mine affreuse* », vous validez alors son sentiment de fatigue ; or même confirmer, c'est changer.

Comme nous le verrons plus tard, « *Je veux changer ce que tu crois* » est le fondement de n'importe quel texte.

Irina doit voir un Roméo qui persiste à ne pas voir la différence entre ces trois entités et l'importance cruciale de cette différence. Elle doit être prête à tout pour la lui faire comprendre : pointer du doigt, gesticuler, battre l'air, courir, rester immobile, hurler, chuchoter, s'accroupir. Comme il ne comprend toujours pas, elle continue à essayer de trouver le geste ou l'intonation qui éclairera enfin Roméo. Juliette peut « montrer » autant qu'elle veut pour arriver à ses fins. Mais Irina ne peut rien montrer. Cet exercice aide à faire la distinction.

## L'observateur

Une fois qu'Irina est absorbée par ce que Juliette essaie de faire, une fois qu'elle commence à voir clairement les différences entre ces trois entités et pendant qu'elle indique et démontre ces différences à Roméo, un observateur devra crier : « *Texte !* » et alors immédiatement et sans réfléchir, Irina devra prononcer le texte de Shakespeare. Il est important que son corps continue à bouger et que ses yeux continuent à voir comme quand elle était limitée et frustrée par la simplicité du message. Le corps et l'imagination d'Irina doivent se rappeler les réactions qu'elle a eues pendant qu'elle délivrait ce message. Le caractère restreint du message a obligé Irina à puiser dans son imagination pour convaincre son partenaire.

Les premières fois, dès que l'observateur criera « *Texte !* » Irina se remettra peut-être à contrôler son corps. Elle aura beau avoir fait des découvertes magnifiques au cours de l'exercice, dans la panique du retour au texte, elle les laissera toutes s'envoler. Répéter cet exercice est source de frustration, mais aussi de détente. Cependant, petit à petit, quand elle devra utiliser tout son corps et tout ce qui se trouve à l'extérieur de son corps pour convaincre son partenaire buté, elle se sentira plus libre. Il est important qu'Irina ne sache jamais quand le signal « *Texte !* » va arriver pour qu'elle n'anticipe pas le passage du message au texte.

## L'espace

Comme nous l'avons vu, Juliette ne peut pas faire tout ce qu'elle veut. Elle est toujours limitée par les circonstances précises données. Par exemple, Juliette ne peut sûrement pas crier de peur de réveiller la maisonnée. Mais cette donnée peut être intégrée au message. Comment ? Le mot « espace » est la clé. La chambre de ses parents se trouve peut-être deux fenêtres plus loin. Quand elle prononce le mot « espace », elle peut montrer la fenêtre à Roméo. Elle doit peut-être lui faire comprendre la signification énorme de cette fenêtre et des ronflements funestes qui s'en échappent. Alors qu'Irina essaie de faire voir la fenêtre et sa signification à Roméo, elle verra qu'elle se trouve dans l'incapacité de crier. Ce n'est pas Irina qui empêche Juliette de crier, c'est la fenêtre. L'espace commence à s'imposer activement.

De même « l'espace » peut désigner les murs du jardin ou le balcon. L'emploi du mot « espace » aide Irina à voir et à explorer les cibles tangibles et leur signification. Et elle doit faire voir à Roméo ces cibles aussi clairement qu'elle les voit. Pour Juliette, il est essentiel que Roméo voie le monde tel qu'elle le voit. Surtout, il faut qu'il voie exactement les mêmes différences entre les choses. Par exemple, il ne voit pas la différence exacte entre lui et Juliette. Il perçoit bien sûr des différences entre eux, mais pas celle que Juliette essaie de lui faire voir à présent. Juliette doit lutter pour lui faire voir les choses telles qu'elle les voit, les différences telles qu'elle les voit et les priorités telles qu'elle les voit.

Dans l'exercice du message, on peut dire que le message représente le travail invisible et que le texte représente le travail visible. Le signal « *Texte !* » est un seuil entre les deux. Ce seuil apparaît de façon soudaine et imprévisible. Plus le seuil apparaît brusquement et sans crier gare, plus le message influencera le texte, plus l'invisible aura de chances d'agir sur le visible. Comme nous le verrons plus tard, mieux vaut considérer le texte comme un outil inadéquat ; quand les enjeux augmentent, même la poésie la plus sublime ne permet pas d'exprimer ce que nous ressentons et désirons.

## Exemples d'exercices du message

D'autres messages efficaces peuvent être inventés. Par exemple :

- *« Non ! Ça n'est pas ta scène, c'est ma scène et c'est mon espace ! »*
- *« Non ! Ça n'est pas ma scène, c'est ta scène et c'est ton monde ! »*
- *« Non ! Ce n'est pas toi qui contrôles tout, c'est moi qui contrôle tout et c'est ma chambre ! »*
- *« Non ! Ce n'est pas moi qui contrôle tout, c'est toi qui contrôles tout et c'est ta chambre ! »*
- *« Non ! C'est toi, la victime, pas moi et je peux toucher ces murs ! »*
- *« Non ! Tu n'es pas libre, je suis libre et je peux bouger sur ce sol ! »*

Pour résumer : les exercices du message sont généralement effectués par un duo d'acteurs. Chaque acteur choisit un message unique et interrompt son partenaire en disant « *Non !* » – car il lui semble que son partenaire refuse de comprendre. Il doit alors tenter de le convaincre. Il faut aussi une troisième personne, l'observateur, qui surveille l'exercice. L'observateur crie « *Texte !* » afin que les acteurs ne décident jamais eux-mêmes du moment où retourner à la scène. Si les acteurs sont capables de choisir quand passer du message au texte original, alors la brèche du contrôle qui s'ouvre les ramènera tout droit à la maison. L'apparition du seuil entre le message et le texte doit échapper au contrôle des acteurs pour que les acteurs puissent se vider la tête et laisser leurs corps et leurs yeux se remplir de ce qu'ils voient tout en sachant que l'observateur extérieur est là. Les acteurs doivent être libres de voir leur partenaire et de changer son point de vue. L'observateur extérieur crie « *Texte !* » dès que les têtes et les corps des acteurs sont vides de toute concentration, pleins d'attention et absorbés par les réactions de l'autre.

Comme nous l'avons vu, dans l'exercice du message, l'espace est vital. L'acteur touche ou désigne quelque chose dans l'espace à chaque fois que le mot correspondant est employé. Le besoin de toucher réveille le corps engourdi. Bien sûr, certains gestes seront inutiles dans la scène de la pièce. Peut-être que la majeure partie de l'énergie libérée pendant l'exercice sera perdue. Mais la plupart du temps, il reste quelque chose de vivant.

Quoi qu'il arrive, il est essentiel qu'Irina fasse l'expérience du mouvement parce qu'Irina doit savoir comment bouger pour savoir comment rester immobile.

## Digression : la sitcom

Comme nous l'avons vu, l'espace et le personnage sont intimement liés. On ne peut pas travailler sur un personnage hors de l'espace. Et les relations ont aussi leurs propres espaces. En effet, transposées d'un espace à un autre, les relations peuvent changer de façon étonnante. Le fait de changer de salle de répétition peut énormément bouleverser les répétitions. Un autre exemple étrange concerne les séries télé ou « sitcoms ».

Les plus populaires se déroulent dans un ou deux espaces, disons un café, la pièce d'un appartement ou la cuisine familiale. Il est évident que le public apprend à aimer les personnages, moins évident que nous aimons toutes les dynamiques qui existent entre eux, mais est-il possible que nous apprenions aussi à aimer l'espace ? Ces canapés banals et ces portes de studios ? Pourtant, si. Parce que de temps en temps, les producteurs décident de pimenter un épisode en envoyant par exemple tous les personnages en vacances, ce qui fait que tout l'épisode se déroule dans un décor inconnu. Et les dialogues sont bons. L'histoire est bonne. Le jeu d'acteur est bon. Mais nous ne rions pas autant que d'habitude. La même relation paraît moins drôle dans un autre décor. Comment un canapé peut-il être plus drôle qu'un autre ? Bien sûr il n'est pas plus drôle. Mais le familier, l'intime, sont des éléments essentiels.

Toutes les bonnes séries comportent un nombre limité d'espaces. Et le public développe une intimité invisible avec le plan de travail de la cuisine, l'orientation de la porte d'entrée, le bruit de la sonnette. Pour le public, ces décors matériels sont immuables… enfin, jusqu'à ce qu'on les enlève.

## Digression : la vie bouge

Chez tout être vivant, une apparente immobilité, il y a toujours du mouvement. Pourtant, ce principe ne fonctionne pas dans l'autre sens. L'immobilité n'est pas tapie sous la vie. Sous tout mouvement apparent, il y a toujours un autre mouvement, parfois très différent de celui que nous voyons car rien de ce qui est vivant n'est jamais totalement immobile. Même si Irina décide que Juliette est physiquement guindée, sous son immobilité apparente, bouillonnera toujours un désir de mouvement. L'hôtesse japonaise qui sert le thé dans la plus grande sérénité bouge très légèrement quand elle parle, même s'il ne s'agit que d'une vibration minuscule de ses doigts sur la table.

Cela dit, l'immobilité et le silence sont extrêmement puissants. Comme la symétrie, ils représentent des idéaux auxquels nous aspirons mais que nous ne pourrons jamais atteindre dans toute leur pureté. Irina peut découvrir des parcelles d'immobilité et de silence en répétition et les redécouvrir au cours des représentations. Mais il est risqué de démarrer dans l'immobilité ; il est dangereux de partir de l'inertie. L'immobilité se découvre en mouvement. Et le mouvement ne part pas de l'intérieur. Nous bougeons à cause de ce que nous voyons.


## Digression : maniérisme et motilité

Comme nous l'avons évoqué, même si l'expressivité du corps est essentielle, « l'expressivité » est un mot chargé pour l'acteur. Nous ne pouvons pas activement « exprimer » quoi que ce soit de façon générale. Donc quand nous voyons un acteur qui a l'air d'exprimer quelque chose avec fluidité, ce que nous voyons est un acteur dont la grâce, le talent ou le métier lui permettent de ne pas être bloqué. Nous voyons un acteur motile.

Néanmoins, quand l'acteur essaie activement d'avoir un corps expressif, indépendamment de l'espace, des catastrophes peuvent se produire. Des techniques inutiles confèrent au corps une densité artificielle et la véritable fluidité naturelle disparaît alors sous une fluidité apparente. Nous sommes très doués pour ces doubles-bluffs. Pour masquer sa peau vieillissante, on dit qu'Élisabeth I faisait couvrir son visage et sa poitrine d'une épaisse couche de peinture blanche. Puis la reine exigeait qu'on dessine de fines veines bleues sur sa peau pour imiter les vraies veines cachées quelques millimètres en dessous.

Le maniérisme paraît parfois extrêmement précis. Nous pouvons nous moquer des sifflantes molles de nos collègues, de leurs voyelles traînantes ou de leurs gestes exagérément souples. Les manies des autres sont beaucoup plus drôles que les nôtres.

Touchantes ou agaçantes, ces interprétations baroques ont un point commun. La racine du maniérisme est toujours la même : l'acteur maniéré est déconnecté de la cible. Le maniérisme peut toucher des personnes très douées quand la Peur les détache de la cible imprévisible.

Le jeu affecté qui, avec les meilleures intentions du monde, paraît artificiel, vient de notre vieille peur que le monde extérieur ne soit pas là quand nous aurons besoin de lui. Dans le feu de l'action, l'acteur proclame son indépendance à l'égard de ce qu'il voit ou ne voit pas  et il se ferme complètement. Il ne veut rien laisser au hasard – il planifie tout pour ne pas perdre le contrôle. Il se garde de l'imprévisible. Mais tôt ou tard, sa forteresse deviendra une prison.

# 14. Le contrôle

Personne n'a un corps parfaitement réceptif, mais ce n'est pas parce que nous manquons d'entraînement ou de souplesse. Le corps est soumis à un contrôle inconscient. La notion de contrôle est délicate. Certains mécanismes de contrôle sont vitaux, d'autres sont destructeurs.

En gros, il existe deux formes de contrôle : le contrôle que nous voyons et le contrôle que nous ne voyons pas. C'est ce deuxième contrôle invisible qui entrave l'acteur. Nous sommes raides comme des manches à balai non pas parce que nous sommes rigides de naissance mais parce que nous avons peur. La Peur produit deux symptômes physiques :

• Nous ne pouvons pas bouger et
• Nous ne pouvons pas respirer.

Comme le feu, le Contrôle est à la fois un bon serviteur et un mauvais maître. Sous ses airs bienveillants et serviables, le Contrôle peut être une vraie malédiction pour l'acteur. Le

Contrôle nous murmure à l'oreille : « *Si tu fais appel à moi, je pourrai te sortir des griffes de la Peur.* » Mais ce n'est qu'une mise en scène subtile, un « coup monté ». Quand nous essayons de fuir la Peur au moyen du Contrôle, nous nous retrouvons généralement encore plus englués dans la Peur : « *Ils nous ont fait croire qu'ils étaient ennemis, mais en fait, ils étaient de mèche depuis le début !* »

La Peur menace, le Contrôle conspire. Et nous sommes complètement pris au piège. La Peur dirige son propre KGB si bien que nous ne savons plus qui sont nos vrais amis. Le Contrôle est un agent double : « *Je suis ton outil. Tu peux m'utiliser pour ce que tu veux, même pour conquérir ta Peur et tout autre sentiment désagréable.* » Mais son plus gros mensonge, c'est de s'écrier : « *Je ne sais pas ce que je suis censé ressentir !* »

Le Contrôle a horreur d'être contrôlé.


## Le Boeing 747

La Peur préfère que nous soyons dans un état de contrôle irréfléchi. La Peur n'aime pas que nous réfléchissions intelligemment. Quand le Boeing 747 est secoué par des turbulences, peut-être que si je reste immobile, sans respirer, je réussirai à éviter la catastrophe. Ou bien si je parle sans cesse à mon voisin interloqué. Chacune de ces stratégies vise à contrôler et à bloquer la perception des stimuli extérieurs. « *Si je lis attentivement le magazine de la compagnie aérienne, peut-être que je ne remarquerai pas que l'avion bascule.* »

Ce sont des décisions conscientes. Plus effrayants encore sont les mécanismes de contrôle invisibles qui font sans cesse le tri dans nos réactions physiques, mais aussi dans les stimuli qu'ils nous autorisent à percevoir. Parfois, ils se comportent comme des geôliers qui verrouillent nos corps. Parfois, comme des censeurs en temps de guerre qui noircissent des bribes de lettres. Nous ne pouvons pas éliminer ces mécanismes de contrôle, mais nous pouvons voir comment ils fonctionnent. Au lieu de demander : « *Pourquoi je ne peux pas bouger ?* » laissons Irina demander plutôt : « *Qu'est-ce qui bloque mon corps ?* » ou mieux encore : « *Pourquoi je bloque mon corps ?* »

La vie est un flux permanent ; c'est autre chose qui appuie sur la pédale de frein. Cette « autre chose » doit être démasquée. Le principe est simple : nous arrêtons de bouger parce que la Peur nous maintient dans un état de contrôle.

## Le corps bloqué

La première étape pour libérer le corps est de définir dans quelle mesure nous le maintenons en cage. Reconnaître la gravité du problème est le premier pas vers sa résolution. La Peur maintient son statu quo en nous encourageant à nier que le problème existe. Refuser de reconnaître ses limites a l'air d'être un acte de rébellion. En réalité, c'est de l'esclavage. La Peur est rusée.

Irina peut utiliser l'exercice suivant. Elle se tient debout près d'une table et saisit un verre d'eau. Elle répète ce geste simple encore et encore tout en étant à l'écoute de son corps. Le verre est facile à atteindre. Elle n'a qu'à tendre le bras. Quels muscles utilise-t-elle exactement ? Les muscles de ses doigts ? Lesquels exactement ? Les muscles de son cou ? Lesquels exactement ?

Irina prend conscience des parties de son corps qu'elle utilise pour attraper le verre d'eau.

Jusqu'ici tout va bien. Maintenant, Irina doit prêter attention aux muscles dont elle ne se sert pas. Il y en a beaucoup. Les muscles de ses pieds, par exemple. Elle peut alors se demander pourquoi elle utiliserait les muscles de ses pieds. La table n'est pas assez basse pour qu'elle doive se baisser. Mais une question plus utile serait : « *Le mouvement sera-t-il plus facile si j'utilise un peu mes pieds ?* » Laissons Irina découvrir si les muscles de ses pieds peuvent l'aider. L'action sera peut-être un tout petit peu plus confortable si elle s'appuie légèrement sur ses chevilles.

Utiliser ses orteils pour attraper un verre d'eau peut paraître étrange, mais quand un muscle sent qu'un autre muscle s'active, il a envie de participer, comme un enfant enfermé à l'intérieur par un bel après-midi ensoleillé qui voit d'autres enfants jouer au foot dehors.

Plus les muscles sont nombreux à être utilisés pour accomplir une action, moins l'effort est grand pour chacun des muscles, mais il ne s'agit là que d'une explication fonctionnelle. En vérité, les muscles ont simplement envie de bouger ; c'est là l'essence même de leur existence, comme vouloir vivre est l'essence même de notre existence.

Nous contrôlons nos muscles bien plus que nous ne le pensons. Ce frein invisible mérite d'être examiné et analysé en détails car c'est un des blocages les plus nuisibles au jeu vivant. Nous préférons croire que nous empêchons nos muscles de travailler parce que nous sommes paresseux. La vérité est moins glorieuse. Nous empêchons nos muscles de travailler parce qu'au fond, nous avons peur de ce qu'ils pourraient faire.

Donc face au verre d'eau, au lieu de se demander : « *Pourquoi bougerais-je tous mes muscles alors que mon bras seul suffit à attraper le verre ?* » Irina pourrait plutôt se demander pourquoi elle prive ses autres muscles du plaisir de participer. Pourquoi les exclue-t-elle de la fête ?

Irina peut inventer des tas d'exercices de mouvement individuels et en effectuer un tas d'autres avec le groupe. Ces exercices peuvent consister à attraper, toucher, marcher et toutes sortes d'actions. Il faut les répéter jusqu'à ce que les participants soient attentifs à chaque mouvement. Il ne s'agit pas de se concentrer sur les mouvements. Si nous cherchions à analyser comment nous tenons debout, nous risquerions de tomber. Ce n'est pas en réfléchissant qu'on arrive à faire du vélo.

Ces exercices attirent l'attention d'Irina non pas sur la façon dont ses muscles fonctionnent, mais sur ce qu'elle fait pour les empêcher de se mettre en action. L'exercice n'est pas destiné à réveiller ses muscles endormis, mais à lui faire prendre conscience qu'elle leur injecte secrètement des anesthésiants comme une infirmière maboule.

Nous consacrons énormément d'énergie à freiner, contraindre, ménager, restreindre, étouffer, brider nos muscles. Nous devrions consacrer les moindres bribes de cette énergie gâchée à prêter attention à la situation en cours. Ces exercices attirent notre attention sur nos verrouillages intérieurs cachés. La seule clé à disposition est l'attention, mais l'attention ouvre toutes les serrures, comme un miraculeux passe-partout.


## L'énergie terrestre

« L'énergie terrestre » peut aussi aider. Imaginer que toute l'énergie vient du sol. L'acteur s'allonge, sent le sol qui soutient son corps, puis, peu à peu, prête attention à tous les points de contact entre le sol et son dos. Au fur et à mesure que l'acteur se détend, d'autres parties de son corps entrent en contact avec le sol. La colonne vertébrale se détend et s'allonge. Bientôt, l'acteur peut prononcer le texte comme si les mots s'élevaient du sol et traversaient son diaphragme, ses poumons, sa cage thoracique jusqu'à résonner dans son corps tout entier. Peu à peu, l'acteur peut se mettre debout, et alors l'énergie du sol est obligée de rentrer par la plante de ses pieds avant de monter dans ses chevilles et le reste de son corps.

Quand l'acteur est debout, il est important que ses genoux restent souples. Il existe dans le corps de nombreux points de pression qui empêchent l'énergie de circuler. Les genoux et le cou sont deux carrefours particulièrement encombrés. Le cou doit être complètement relâché et les genoux déverrouillés.

Cet exercice ne peut pas être effectué dans la tête. Comme tous les exercices, il doit être ressenti physiquement, comme dans le cas du candidat présidentiel avisé qui avait besoin d'éprouver l'espace. Si les acteurs ont démarré les répétitions à la table, les exercices d'énergie terrestre peuvent permettre de rééquilibrer les énergies.

Il est bon d'imaginer que l'énergie monte du sol parce que bien souvent, l'acteur croit que toute l'énergie vraiment utile découle de son cerveau. Cette conviction invisible limite la liberté de l'acteur. Malheureusement, il est trop facile pour les gens civilisés que nous sommes de croire que l'énergie rayonne de la tête. On nous a enfoncé cette croyance dans le crâne. Même si nos écoles ne nous enseignaient que le sport et la danse, certaines croyances sont ancrées dans nos cultures. Par exemple : a) avoir le contrôle est une bonne chose et b) le contrôle coule du haut du corps vers le bas. Bien sûr, ces certitudes sont inconscientes, mais elles peuvent expliquer pourquoi beaucoup d'entre nous, y compris des athlètes et des danseurs, ne bougeons pas aussi bien que nous le pourrions.

## La respiration

Comme le mouvement, la respiration est une des sept caractéristiques de tout organisme vivant. La respiration est essentielle à la vie. Nous respirons naturellement — sinon, nous serions tous morts. Nous respirons naturellement en accord avec la pensée. C'est simple. Ce qui n'est pas simple, c'est pourquoi nous intervenons dans le processus. Pourquoi nous nous forçons à respirer à contretemps ? Si vous vous demandez quand respirer, la réponse est simple : « *Quand vous voulez.* »

Comment Irina peut-elle donc savoir quand Juliette doit respirer ? Elle ne le peut pas ; et elle ferait mieux de ne pas se lancer dans cette quête insensée. Juliette elle-même ne choisit pas quand Juliette doit respirer. Parce que Juliette respire quand la cible lui commande de le faire. La cible décide toujours du rythme et de la profondeur de notre respiration, de la vitesse et de la longueur de notre souffle. Par exemple :

## Un rendez-vous pénible

Imaginons que vous ayez une nouvelle pénible à annoncer à un ami. Il est temps de prononcer votre discours bien préparé. Vous regardez votre ami et prenez une profonde inspiration. Mais le moment venu, ce n'est pas vous qui choisissez quand et comment respirer. C'est le fait de voir votre ami et de réfléchir aux mots que vous devez prononcer. Est-il content, stressé, détendu ? Vous le voyez, vous reprenez vos esprits et vous respirez sans réfléchir à votre respiration. Parce que la cible vous dit précisément de quelle respiration vous avez besoin. Et la cible envoie ce message plus ou moins directement à vos poumons. Pour prendre un autre exemple, imaginons que dans un bar, de but en blanc, un inconnu se lève, regarde autour de lui d'un air menaçant, fracasse une bouteille, se précipite vers vous, agite la bouteille sous vos yeux, puis... court vers la sortie et disparaît dans la rue. Vous soupirez machinalement, sûrement en même temps que tous les témoins de la scène. Même si les clients sont encore ébranlés, ils n'ont plus besoin du surplus d'air qu'ils gardaient au cas où ils auraient besoin d'intervenir. Car nous retenons notre souffle quand une situation devient dangereuse. La peur nous vide les tripes et nous remplit les poumons — elle fait des réserves d'oxygène. C'est un réflexe ; ce n'est pas une décision consciente. Donc nous respirons en fonction du danger que nous percevons dans une situation donnée, en d'autres termes, en fonction des enjeux que nous voyons dans la cible.


## Un meurtre secret

Quand les acteurs n'aspirent pas assez d'air, ils massacrent leur texte et hachent la pensée. Pour ne pas être à bout de souffle, l'acteur a tendance à fragmenter la pensée. Les mots sont tous là, mais le texte a été découpé en petits morceaux faciles à attraper. Le problème est qu'avant d'être démembrée, la longue pensée a dû être assassinée.

Une pensée est une cible ; il faut qu'elle soit repérée avant d'être prise en compte. Une pensée doit être vue avant de pouvoir être prononcée. Et comme n'importe quelle cible, une pensée doit obéir aux règles. Surtout, une pensée se transforme sans cesse. Une pensée n'est jamais fixe ; elle subit des modulations et évolue constamment, comme des variations sur un même thème. Une pièce en vers comme *Roméo et Juliette* renferme un tas de longues pensées exprimées à travers une longue succession de mots.

## Respiration et imagination

Si Irina se lance dans une tirade passionnée avec les poumons à moitié pleins, elle se retrouvera à bout de souffle et se sentira nulle. Mais il serait dangereux pour elle de se dire : « *La prochaine fois, je prendrai une plus grande inspiration* », même si cela semble parfaitement cohérent. Irina doit comprendre pourquoi elle n'a pas pris assez d'air. Le manque d'air n'est qu'un symptôme dont la cause remonte à plus loin. Irina manque de souffle parce qu'elle n'a pas bien vu les enjeux précis de la cible. On peut avoir les poumons à moitié pleins quand on gronde son petit copain qui est arrivé en retard à un rendez-vous. Pas quand on se retrouve face à un amant qui peut nous détruire.

Mais la décision n'appartient ni à Irina ni à Juliette. La décision appartient à la cible. La décision survient au moment où Juliette voit Roméo. Ni Juliette ni Irina ne communiquent directement avec les poumons. L'acteur qui choisit consciemment quand respirer sabote son jeu et détruit son imagination. C'est seulement ce que nous voyons qui nous fait respirer comme il faut.

Irina doit donc être doublement équipée. D'abord, son imagination doit être suffisamment aiguisée pour repérer la cible qui la fera réagir et prononcer ces mots. Comme le corps, l'imagination a besoin de patience, d'entraînement et d'endurance. Comme nous l'avons vu, nous exerçons notre imagination en nous autorisant à voir. L'attention est notre meilleur entraîneur.

Ensuite, elle doit travailler sa technique respiratoire pour pouvoir développer de longues pensées. Ses muscles respiratoires doivent être exercés.

L'entraînement physique fait partie du travail invisible d'Irina. Le cas échéant, elle doit avoir la capacité physique de répondre à n'importe quel besoin respiratoire. Elle ne doit pas avoir à se demander si son corps sera capable de faire ce qu'elle lui demande. Ce travail doit être accompli très tôt dans le travail invisible et fait partie de l'entraînement général de l'acteur. Malheureusement, il n'existe pas de pilule qui nous maintienne en forme, donc l'entraînement d'Irina est sans fin. L'acteur a besoin de discipline pour mieux devenir libre.


## Le quatrième choix inconfortable : certitude ou foi

Avant de poursuivre, examinons encore un choix inconfortable. Comme les autres choix, il doit être abordé dans le cadre du travail invisible. Les choix agissent de façon parallèle. Ils ne peuvent pas être utilisés directement, mais ils nous aiguillent dans la bonne direction. L'addiction à la certitude paralyse l'acteur. Par exemple, Irina veut être sûre qu'elle n'oubliera pas son texte. Mais nous ne pouvons être sûrs de rien. Relire et relire son texte dans les coulisses est le meilleur moyen de l'oublier une fois sur scène. Tout ce que l'acteur peut faire, c'est avoir foi dans le fait que le moment venu, les répliques sortiront. Un trop grand besoin de certitude détruit la foi. On ne peut pas avoir la certitude et la foi ; on peut avoir soit l'un soit l'autre. Irina ne peut pas non plus être sûre que ses sentiments surgiront sur commande. Mais elle peut garder la foi.

# 15. « Je ne sais pas ce que je dois ressentir »

Nous ne pouvons pas exprimer l'émotion. Jamais. Par contre, l'émotion s'exprime toute seule en nous, que nous le voulions ou non. Nous ne pouvons pas « fabriquer » une émotion. Nous ne pouvons pas « produire » une émotion. Nous ne pouvons pas « montrer » une émotion. Nos émotions s'expriment d'elles-mêmes à travers nos actes. Par exemple, pour exprimer la haine que je ressens pour quelqu'un, je vais devoir faire quelque chose, comme lui lancer un regard noir ou le frapper. Nous ne pouvons pas contrôler la haine que nous ressentons pour quelqu'un, mais nous pouvons choisir quoi faire de cette haine. Nous pouvons ignorer notre haine. Nous pouvons la regarder en face. Et alors peut-être qu'elle changera d'elle-même. Peut-être.

Les « émotions » et les « sentiments » sont des étiquettes imprécises qui servent à désigner un tas de choses. Souvent, les noms des « sentiments » ou des « émotions » prêtent à confusion et nous induisent délibérément en erreur. La fureur peut être un autre nom de l'amour, une tendresse maternelle peut cacher une pulsion meurtrière, et l'adolescent autodestructeur peut vouloir protéger les autres de sa propre violence. Que nous masquions ou non leurs noms, de toute façon, nos sentiments nous échappent. Ils surgissent sans autorisation et nous n'en sommes en aucun cas responsables. Ce que nous contrôlons, par contre, c'est ce que nous faisons.

Les émotions sont variées et souvent rivales, comme les dieux de la Grèce antique. Cela veut dire que nous sommes dans un état de guerre permanent ou, dans le meilleur des cas, au cœur d'une trêve fragile. Ce conflit intérieur nous fait tellement souffrir que nous ne nous autorisons qu'un vague coup d'œil au champ de bataille. Si nous avions le choix, nous préférerions que ce conflit ait lieu très loin à l'extérieur de nous. Il est une des raisons qui nous conduisent au théâtre.

## Que ressent mon personnage ?

Il est donc dangereux pour Irina de demander : « *Que ressent Juliette ?* » La question semble évidente, généreuse même, mais en réalité, elle ferme le cœur. Elle est empreinte de cette légère vanité qui me pousse à croire que je peux être sûr de ce que je ressens. Si je ne suis pas certain de ce que je ressens, comment pourrais-je l'être de ce que Juliette « ressent » ? La question « *que ressent mon personnage ?* » n'appelle aucune réponse concrète pour l'acteur, il ne sert donc à rien de la poser.

Des sentiments gigantesques, conflictuels et changeants chamboulent Juliette pendant tout son entretien avec Roméo, mais il est peu probable qu'elle arrive à les interpréter ou même à en dresser la liste exhaustive. Comment Irina, le metteur en scène ou quiconque pourraient-ils prétendre reconnaître toutes les émotions qui se bousculent en elle ? D'aucuns prétendent que nos sentiments sont parfaitement connaissables. Par exemple, c'est un principe du droit anglais que « *l'état d'esprit d'un homme est semblable à l'état de sa digestion* » et ce dicton a fait pendre beaucoup d'hommes. La simplification peut faciliter le travail du juge, mais pas celui de l'acteur. De toute façon, Irina est une artiste et son travail consiste justement à ne pas juger. Toutes ses tentatives pour savoir ce que Juliette ressent sont vouées à l'échec. Donc tout ce qu'Irina a pu fabriquer à l'intérieur d'elle-même à partir de ce qu'elle pense que Juliette doit ressentir est forcément faux. Épuisant, sûrement, mais également faux.

Pourtant, nombre d'entre nous, moi y compris, allons au théâtre justement pour voir des émotions extrêmes et nous méprisons les jeux tièdes. Donc ce que Juliette ressent doit être au centre du jeu d'Irina. Dans ce cas, que veut dire la phrase: « *L'acteur ne peut pas fabriquer de l'émotion* » ? À cet égard, le sentiment est terriblement similaire au personnage. Le personnage et les sentiments sont essentiels pour Irina pourtant ils sont complètement indépendants de sa volonté. Irina n'a absolument aucun contrôle sur ce qui compte le plus pour elle. Face à ce constat frustrant, que peut-elle faire?

## Le sentiment et la cible

D'abord, Irina doit accepter cette dure réalité : elle ne pourra jamais contrôler directement le personnage ni les sentiments. Elle doit se détacher de cette illusion jumelle qui nous fait croire que nous décidons de ce que nous sommes et de ce que nous ressentons.

Nous devons tourner le dos à ce mensonge et le laisser derrière nous. Ces deux illusions semblent extrêmement réelles, mais elles nous ramènent tout droit à la maison. Quelles solutions s'offrent à Irina quand elle est paralysée par la crainte de ne rien ressentir du tout ? Comme toujours, le mieux est de se souvenir de la cible.

## Les généralisations ont la vie courte

Même si nous nous trouvons dans un état général de manque, ce sentiment a besoin d'une image précise pour être vécu. Le désir sexuel a besoin de chair pour se révéler à lui-même. Le stimulus, quel qu'il soit, est toujours une cible ; la cible est un catalyseur qui libère le sentiment. Aucun sentiment ne peut être déclenché sans cible. Par exemple, parfois, quand nous nous réveillons de mauvaise humeur, nous reconnaissons ce sentiment et nous composons avec. Parfois, nous voyons la raison concrète – le mauvais temps, le boulot, etc. – ou bien nous décidons d'aller décharger cette mauvaise humeur sur quelqu'un. Plus un sentiment grandit et demande à être libéré, moins nous devenons exigeants quant au choix de la cible qui nous y aidera. La seule chose pire que d'avoir peur de quelque chose, c'est de n'avoir peur de rien.

## La cible en conflit

Cherchons dans le texte de Shakespeare des exemples de guerre émotionnelle où la cible se trouve au cœur d'un conflit. Inutile d'aller chercher loin, n'importe quel moment de la scène du balcon fera l'affaire. Par exemple :

« *Ma libéralité est aussi illimitée que la mer
et mon amour aussi profond : plus je te donne,
plus il me reste, car l'une et l'autre sont infinis.* »

Quand elle prononce le mot « *illimité* », Juliette voit peut-être un Roméo qui doit être averti de ce dans quoi il s'engage, mais elle peut aussi voir un Roméo qu'elle aime, qu'elle ne veut pas embrouiller, effrayer ou repousser. Tous ces Roméo que Juliette voit ne constituent pas un Roméo cohérent, unique et unifié, mais une somme de contradictions. Ces différentes images de Roméo se contredisent et s'affrontent ; les cibles appellent le conflit. Juliette elle-même ne pourrait définir et énumérer tous les sentiments qu'elle éprouve pour Roméo. Tout ce qu'Irina peut faire, c'est voir les différents Roméo que Juliette voit.

Donc, quand Juliette s'écrie : « *Oh ! ne jure pas par la lune* », peut-être voit-elle un Roméo qu'elle veut frapper et un Roméo qu'elle veut embrasser. Comme toujours, la cible doit être précise. Juliette peut voir un Roméo qu'elle veut frapper très fort et un Roméo qu'elle veut embrasser aussi fort. Finalement, le simple fait de voir l'image fera jaillir tous les sentiments dont Irina a besoin pour jouer Juliette. Alors qu'essayer de ressentir ce que Juliette ressent ne servira qu'à détruire le jeu d'Irina.

Concrètement, tous les sentiments des acteurs naissent de ce qu'ils voient. Aucun sentiment ne peut naître tout seul. Le sentiment succède à la cible, mais la cible ne succède jamais au sentiment. Tenter de convoquer un sentiment indépendamment de la cible ne fera que paralyser l'acteur.

## L'absence de sentiment

Quand nous apprenons le suicide de quelqu'un, nous sommes épouvantés. Mais la première question qui nous traverse l'esprit, ce n'est pas « *pourquoi ?* » mais « *comment ?* » Et nous avons honte d'avoir besoin de savoir. Nous devrions être capables de ressentir ce drame de façon immédiate et totale. Nous voudrions ressentir de la compassion pour la douleur et la perte des proches de la victime. Et nous voudrions ressentir cette compassion sur le champ et sur commande.

Mais non. Au lieu de ça, nous voulons savoir « *comment ?* » et ensuite peut-être « *qui l'a trouvé ?* » Nous avons honte de nous intéresser aux détails morbides de l'histoire. Nous avons besoin de voir le flacon vide ou la corde nouée et nous sommes gênés de ne rien ressentir sans l'aide de ces images. Nous regrettons de devoir connaître les détails triviaux de l'événement avant de pouvoir nous poser de « meilleures » questions comme « *pourquoi ?* » Face à l'ampleur de l'événement, nous nous sentons mesquins et malgré ça, tout ce que nous voulons savoir, c'est : « *Était-il dans son lit ou au volant de sa voiture ?* »

Mais avons-nous déjà ressenti quoi que ce soit sur commande ? Y a-t-il eu jadis un âge d'or où les sentiments primitifs – clairs, intenses et sans équivoque – surgissaient spontanément ? L'innocence pure de l'émotion a-t-elle été détruite par le besoin moderne d'aller renifler la poubelle du scabreux ?

## Le messager

L'*Antigone* de Sophocle se termine par le récit de trois suicides. Le messager raconte d'abord à la reine que son fils et sa nièce se sont donné la mort. Il n'épargne aucun détail à Eurydice. Elle apprend que sa nièce s'est pendue avec une écharpe de lin, puis combien de temps exactement son fils a laissé l'épée plongée dans son corps et comment dans un dernier hoquet, son sang a giclé sur la joue de sa nièce. Eurydice se tue dans le palais. Quand Créon arrive, portant le corps de son fils, un autre messager apparaît et lui annonce la terrible nouvelle de la mort de sa femme. À nouveau, il n'épargne aucun détail au veuf. Il lui apprend que le couteau s'est planté « *sous le foie* ». Le messager sait que toute la famille de Créon vient d'être décimée ; pourquoi torturer le survivant avec ces détails chirurgicaux ? Mais le messager n'est pas idiot. Il sait que Créon doit voir. Créon doit voir pour ressentir. Créon doit ressentir pour intégrer ce qui vient de se passer. L'intention n'est pas de punir Créon. Créon doit voir ce qu'il a fait quand il était aveugle.

Sophocle écrivait des pièces extraordinaires parce qu'il sentait que nous ne voyons pas aussi bien que nous le devrions. Plus précisément, il savait que nous ne voyons pas correctement ce que nous ressentons. Il sait que le sentiment a besoin de la vue. Il voit que la civilisation humaine n'est pas émotionnellement aussi développée qu'elle le croit. Il veut nous sortir de notre anesthésie, au moins pendant le bref intermède rassurant du spectacle. Il veut nous arracher nos bandeaux dans l'espace sacré avant que nous nous dépêchions de les renfiler à l'extérieur. Il sait qu'il est très orgueilleux de notre part de penser que nous pouvons ressentir n'importe quoi sur commande. Il sait que même Créon, brutalement privé de toute sa famille, ne sait pas ce qu'il ressent. Avant de sentir véritablement la mort de sa femme, Créon doit voir son foie transpercé.

La douleur n'a pas de nom. Ni la joie. Ni aucun sentiment parce que chaque sentiment est aussi unique qu'une empreinte digitale. Mais ce qui n'a pas de nom nous effraie. Nous nommons les choses pour pouvoir penser à elles. Nous ne pouvons ni penser ni ressentir correctement tant que nous n'avons pas nommé nos pensées et nos sentiments. Mais ce n'est pas parce que les noms sont erronés que nous devons cesser de penser et de ressentir. Les sentiments ne débarquent pas munis de leurs pièces d'identité. Ils empruntent des pseudonymes. Cette nouvelle est fâcheuse dans la vie, mais salutaire pour l'acteur.

## Le centre sentimental

Irina peut être frustrée de ne pas « ressentir » l'amour de Juliette pour Roméo, de ne rien ressentir, de ne pas réussir à exprimer son amour. Mais dans la mesure où l'amour est une émotion, Juliette ne pourra jamais directement l'exprimer.

*« Ma libéralité est aussi illimitée que la mer*
*et mon amour aussi profond : plus je te donne,*
*plus il me reste, car l'une et l'autre sont infinis. »*

Si, en disant ces mots, Irina essaie de ressentir un amour infini pour Roméo, espère surfer sur l'émotion et exprimer ainsi l'ampleur des sentiments de Juliette, alors son jeu sera vide de toute passion. En essayant d'être enflammée, elle deviendra aussi froide que la mort. En essayant de stimuler une sorte de « centre émotionnel » imaginaire, elle s'expose à de grandes souffrances. Irina donnera dans le sentiment, la démonstration et s'enfermera à la maison.

## Émotion et contrôle

Comme nous l'avons vu, tenter de montrer une émotion efface la cible. Et ironiquement, tenter de montrer une émotion rend le jeu vide de toute émotion. Mais nous devrions peut-être nous demander pourquoi nous essayons de souligner nos sentiments. Une émotion soulignée est une tentative de contrôle désespérée. Ce besoin de contrôler les sentiments vient de la Peur. Si, en guise de filet, Irina décide de montrer au public que son amour pour Roméo est profond et sincère, elle montrera sa technique, mais elle étouffera son élan de vie et sa capacité à réagir dans l'instant. Elle rentrera à la maison.

Nous nous défendons parfois : « *Je veux contrôler ceci, mais pas cela. Je vais verrouiller ceci, mais laisser cela s'exprimer librement* ». Mais le contrôle ne fonctionne pas comme ça. Nous avons beau nous croire supérieurement intelligents, nous avons beau essayer de contrôler les choses le plus discrètement et minutieusement possible, le Contrôle veut toujours prendre le dessus. Nous ne pouvons pas choisir ce que nous contrôlons. Quand nous essayons de contrôler ce qui est « mauvais », nous contrôlons aussi souvent ce qui est « bon ». Toute forme de contrôle a tendance à devenir incontrôlable.

## La surveillance

La surveillance est une forme de contrôle. Les espions surveillent. Nous pouvons soit voir les choses, soit contrôler la façon dont nous sommes vus. Nous devons choisir. Irina a peut-être envie de contrôler le regard que le public porte sur Juliette, mais dès qu'elle essaiera de contrôler ce que le public voit, elle réduira sa propre capacité à voir. Comme nous le savons, le contrôle peut être aussi bien utile que destructeur. Mais un principe vaut pour tous les cas de figure :

L'acteur ne contrôle pas, c'est le personnage qui contrôle.

Nous avons déjà évoqué cette idée au cours de l'exercice du message où ce n'est pas l'acteur qui doit « essayer », mais le personnage.

## Digression : l'émotion assassinée

À chaque fois que nous essayons de montrer une émotion, elle devient fausse. Quand nous essayons de montrer notre amour aux autres, souvent, ça ne marche pas. L'amour se manifeste à travers nos actes. L'amour surgit quand nous sommes attentifs. Mais « l'amour » est encore une étiquette inadéquate qui rassemble une multitude de sentiments et de relations. Par exemple, soit Juliette aime véritablement Roméo, auquel cas, il s'agit de lui, soit elle « est amoureuse » de Roméo, auquel cas, il s'agit plutôt d'elle.

## Digression : le tabou

En général, le contrôle inconscient est destructeur. Or, le tabou est une forme de contrôle inconscient dont nos sociétés raffolent. Il est aussi ancré dans la société que le théâtre. Le tabou est un mécanisme de contrôle collectif inconscient qui organise les relations sociales selon une loi qui paraît instinctive et non imposée. Le théâtre vient souvent remettre en question les lois institutionnelles et inconscientes, c'est pourquoi il est mal vu des prêtres et des politiciens. Médée, Gertrude, Œdipe, Créon, Angelo, Macbeth, Desdémone, Roméo et Juliette transgressent tous des lois et des tabous.

## Le contrôle du personnage

Bien qu'Irina ne doive pas contrôler la façon dont elle est perçue et comprise, Juliette doit essayer de contrôler la façon dont elle est perçue et comprise. Irina ne doit pas essayer de contrôler la façon dont le public perçoit la scène, mais Juliette doit essayer de contrôler la façon dont Roméo perçoit Juliette.

Juliette se retrouve sans doute face à un dilemme similaire à celui de l'homme menacé par le couteau. Va-t-elle choisir l'attention, la concentration ou osciller entre les deux jusqu'à la nausée ? Juliette place beaucoup d'enjeux dans Roméo ; elle doit glaner un tas d'informations, dans ce qu'il dit et dans ce qu'il tait. Elle doit apprendre à interpréter son visage et ses gestes, elle doit réussir à voir s'il lui ment, s'il se ment à lui-même ou s'il essaie sincèrement de lui dire la vérité. Elle doit voir s'il est généreux, superficiel, brillant, constant. Elle doit sentir ces qualités en les observant. Et elle finira par avoir mal à la tête parce que toutes ces informations ne concordent pas. Tous ces attributs ne constituent pas une position claire.

Irina ne peut ni créer ni contrôler la complexité de ce que Juliette ressent. Tout ce qu'elle peut faire, c'est voir à travers les yeux de Juliette. Juliette a des choses importantes à dire à Roméo. Par exemple, Juliette doit apprendre à Roméo qui elle est. Et pour y parvenir, elle doit prêter attention à Roméo. Elle doit sonder son visage et ses paroles pour distinguer ce qu'il comprend et ce qu'il croit seulement avoir compris. Mais si elle ne fait que « s'exprimer », il ne comprendra pas grand-chose. Irina se trouve donc confrontée à ce paradoxe : bien qu'elle ne puisse exprimer directement aucun des sentiments de Juliette, les sentiments de Juliette doivent s'exprimer. Que faire ?

## L'émotion nous empêche toujours d'agir

Ce principe peut être extrêmement libérateur pour Irina. Nos sentiments nous rendent la tâche plus difficile, jamais plus facile. Donc les sentiments de Juliette pour Roméo entravent l'action qu'elle tente d'avoir sur lui. Donc quoi qu'Irina joue dans ces vers – amuser, séduire, instruire, avertir, embrouiller, posséder, rassurer, cajoler, consoler, effrayer, exciter – son amour lui complique la tâche.

Par exemple, imaginons que vous soyez tellement énervé contre quelqu'un que vous lui criiez « *Sortez !* ». Vous avez peut-être l'impression que ce cri exprime parfaitement votre sentiment de rage. Mais ça ne peut pas aider l'acteur. L'acteur doit séparer ce que le personnage ressent de ce que le personnage fait… Ici, le personnage ressent sans doute de la colère, mais il ne peut pas « jouer la colère ». Laissons l'acteur imaginer que la rage du personnage l'empêche justement de faire sortir son interlocuteur. Pour réussir à le faire sortir, il va devoir contrôler sa colère. Peut-être devra-t-il se forcer à chuchoter, ou bien articuler son ordre le plus froidement possible.

Le principe est celui-ci : L'acteur ne peut jamais jouer une émotion, mais il peut jouer qu'il est empêché par l'émotion. En réalité, il est impossible pour un acteur de jouer quoi que ce soit sans que l'émotion vienne l'entraver. L'amour de Juliette pour Roméo l'empêche de lui exprimer son amour.

L'acteur doit non seulement séparer le sentiment et la réaction, mais il doit aussi mettre ces deux pans en opposition.

## Donner dans le sentiment

Quand Juliette parle du caractère illimité de la mer, Irina peut être tentée de « peindre » les mots à gros traits pour illustrer l'immensité de la mer. Dans ce cas, elle « donne dans le sentiment ». Irina peut être impressionnée par la grandeur des mots et de l'émotion qu'ils sous-tendent, mais cette attitude a pour conséquence néfaste d'amener Irina à douter de ses compétences. Elle a alors peur que ses réserves émotionnelles ne suffisent pas à remplir ce grand moment. Elle voudrait être à la hauteur de l'écriture. Si Irina se dit qu'elle doit gonfler sa vie intérieure, elle se paralysera toute seule. Ou bien elle fera exploser son jeu, comme un ballon qui s'envole jusqu'à quitter l'atmosphère. S'il n'y a plus de gaz à l'extérieur pour faire pression, le gaz intérieur se dilate jusqu'à faire exploser l'enveloppe fragile.

## Le sentiment est toujours plus grand que le mot

Comme nous l'avons vu au sujet de l'adolescent amoureux, ce que nous ressentons est toujours plus grand que les moyens dont nous disposons pour l'exprimer. Plus les sentiments deviennent forts, plus cette vérité devient criante. Plus les enjeux augmentent, plus les pressions intérieures et extérieures augmentent.

En d'autres termes, quand Irina a peur de ne pas avoir assez de sentiments, elle peut se rappeler que plus elle contrôlera ce que Juliette fait, plus les sentiments de Juliette augmenteront.

Les moments critiques d'un vol en avion sont le décollage et l'atterrissage parce que c'est au cours de ces quelques minutes que l'appareil subit la pression la plus grande. Plus nous avons à gagner ou à perdre, plus ce qui se trouve à l'intérieur grandit et plus ce qui se trouve à l'extérieur aussi. Au Royaume-Uni, la Chambre des communes a été volontairement conçue pour contenir moins de sièges que de membres. Cet étrange agencement a pour but de renforcer l'exaltation de l'assemblée les jours où la salle est pleine pour un débat important.

L'acteur ne fabrique jamais ce que le personnage ressent. Le personnage essaie toujours de contrôler ce que le personnage ressent.

Même quand quelqu'un semble exprimer une émotion intense, ce que nous voyons, ce n'est pas quelqu'un qui exprime des sentiments mais quelqu'un qui essaie désespérément de les contrôler. La mère arabe qui se lamente sur le corps de son fils contrôle et modèle son chagrin pour lui donner une forme rituelle à travers laquelle il pourra s'exprimer. Le père qui lance un appel télévisé pour retrouver son enfant disparu doit contrôler ses larmes pour que son message soit entendu. La fillette qui saute de joie en voyant revenir son père de la guerre contrôle sa joie en sautant ; rien ne peut exprimer l'ampleur de sa joie, donc elle saute. C'est le mieux qu'elle puisse faire ; elle ressent beaucoup plus de choses, mais elle devra se contenter de ce geste.

Le geste est toujours plus petit que le sentiment qui l'entraîne.

## Digression : le mensonge

Quand nous mentons, nous prenons cette relation à l'envers. L'intérieur est alors plus petit que l'extérieur ; le contenu rétrécit à l'intérieur de la forme, comme le vieux cirage dans sa boîte. Les cris de joie des retrouvailles sonnent faux si l'affection n'est pas à la mesure du geste.

Quand il y a un fossé entre l'intérieur et l'extérieur, quand le cadre du contrôle est plus large que l'impulsion du sentiment, il y a mensonge. Pas forcément un mensonge très grave, mais un mensonge quand même. Tout ça peut d'ailleurs être utile si vous jouez un personnage qui ment mal !

Plus sérieusement, en temps de guerre, quand les partis prennent position et que les problèmes sont simplifiés, celui qui s'indigne le plus est souvent le plus gros menteur.

La vie a horreur du vide. Et il n'y a pas de vie sans pression. Il en va de même pour les sentiments vivants. Le sentiment vivant a besoin de résistance pour être vu. L'émotion a besoin d'être contenue pour devenir visible. On a tendance à oublier que le train bouge jusqu'à ce que le conducteur se mette à freiner.

## Le char de Phaéton

Une autre image peut aider Irina à exploiter le conflit entre ce que nous faisons et ce que nous ressentons. Phaéton, que nous retrouverons plus tard, a pris les rênes du char de son père, mais il n'a pas réussi à contrôler les chevaux. Irina peut imaginer que les chevaux fous sont ses sentiments qu'elle essaie de maîtriser.

Plus nos sentiments grandissent, plus nous tirons sur les rênes. Irina sait que même si elle ne peut pas fabriquer ce que Juliette ressent, elle peut faire ce que Juliette fait. Par conséquent, même si Irina ne peut pas créer les chevaux, elle peut tirer sur les rênes. Elle ne peut pas créer le sentiment, mais elle peut exercer un contrôle sur lui.

La vitesse n'est clairement pas le problème de Phaéton ; il veut diriger les chevaux et essaie de freiner leur allure. Il veut contrôler les chevaux. Il serait fou de les fouetter pour les faire avancer. Il existe un tas de façons de jouer Phaéton, mais aucune ne consisterait à descendre du char pour pousser les chevaux. Pousser les chevaux serait absurde, pourtant, c'est exactement ce que fait Irina quand elle force ses sentiments. Montrer son émotion, c'est comme si Phaéton essayait de forcer ses chevaux à aller plus vite.

## Digression : l'ignorance ou la stupidité nécessaire

Ces paradoxes nous étonnent souvent : les gens réservés peuvent avoir des accès de violence ; les personnes affables et souriantes peuvent piquer des colères étranges ; les personnes chaleureuses peuvent devenir glaçantes ; les gens les plus timorés peuvent faire preuve d'un courage extraordinaire ; les timides ont d'énormes egos ; les plus doués prétendent que leur succès n'est dû qu'à la chance ; les bien-pensants sont souvent corrompus ; les névrosés sont souvent les plus forts dans les situations critiques ; ceux qui arrivent toujours en retard détestent attendre ; les sentimentaux sont toujours cruels.

Ces observations n'ont rien d'extraordinaire. Ce qui est extraordinaire, c'est que nous nous évertuons à les trouver surprenantes malgré la quantité de preuves fournies par l'expérience. Nous dépensons énormément d'énergie à nous repersuader sans cesse que les gens sont tels qu'ils paraissent. À chaque fois que nous entendons qu'un ministre intègre est mêlé à une affaire de corruption, nous tombons des nues. Une de nos caractéristiques les plus étonnantes est notre capacité à ignorer. Nous préférons être choqués alors que notre vrai problème, c'est que nous ne le sommes pas. Notre capacité à désapprendre le fait que nous ne sommes qu'un tissu de contradictions est éblouissante. Et nous fournissons un énorme effort pour oublier l'ambivalence des sentiments. Comme si l'enzyme qui purge le cerveau de nos rêves au réveil le purgeait en même temps de toute la connaissance acquise encombrante.

Freud et Stanislavski sont deux pionniers qui ont tenté de creuser l'inconscient à l'aide de notre seule pelle disponible : la conscience. Nous avons souvent l'impression que l'esprit conscient a du mal à atteindre notre inconscient. Mais ça n'est pas ça, le problème. Le vrai obstacle est subtil et trompeur. La vérité troublante, c'est que l'esprit conscient est l'ennemi juré de l'inconscient et qu'il préférerait que l'inconscient n'existe pas du tout. Notre seul allié poursuit des intérêts personnels cachés ; le serviteur dévoué est un saboteur. L'esprit conscient est tellement absorbé par sa relation avec l'identité qu'il est prêt à prétendre que rien d'autre n'existe. « *Il n'y a pas de bruit dans l'escalier. Je t'assure ! Il n'y a personne dans la maison !* » Sinon pourquoi la conscience au réveil se donnerait-elle tant de mal pour effacer les dernières bribes des rêves de la nuit ?

Peut-être qu'intérieurement, nous renfermons tous une Pénélope qui descend chaque nuit défaire le tissage de la journée pour que la tapisserie reste inachevée. La reine d'Homère redémarrait chaque jour son ouvrage du même point,  de sa « maison » pour ne jamais avoir à accepter un prétendant.

Mais pourquoi restons-nous volontairement dans le noir ? Probablement parce que si nous admettions que les autres éprouvent des sentiments qu'ils ne connaissent pas, cela voudrait dire que nous aussi, nous ressentons des choses sans le savoir. Quel désarroi de penser que nous nous cachons des choses – et quels peuvent-être ces secrets ? « *Non, l'idée est ridicule !* » Cela explique peut-être aussi pourquoi nous préférons traiter quelqu'un de menteur plutôt que de constater que cette personne croit réellement au mensonge qu'elle colporte. Nous sommes tout à fait prêts à admettre qu'un système est rongé par un saboteur intérieur. « *Bien sûr, c'est simple, ça arrive très souvent !* » Mais un saboteur intérieur inconscient ? « *Jamais ! Attendez, vous m'embrouillez ! C'est beaucoup trop compliqué comme idée !* »

## Histoires cachées

Plus perturbante encore que l'idée des émotions aux noms déguisés est celle que nous renfermions des histoires cachées. Pas seulement des émotions spontanées que nous voudrions rebaptiser ou réprimer, mais des récits entiers, des histoires et des versions d'événements dont nous ne sommes pas du tout conscients. Y a-t-il vraiment en moi toute une intrigue imperceptible qui tire son pouvoir de son invisibilité ? Il est certain que nous sommes fascinés par les secrets et les complots du monde extérieur. Tant que l'intrigue ne se déroule pas en nous, tout va bien. Pendant la Guerre d'Espagne, le général Mola a affirmé que cinq colonnes armées étaient prêtes à prendre Madrid – pas seulement les quatre qui faisaient le siège de la ville, mais une cinquième à l'intérieur dont toute la ville ignorait l'existence. Ne serait-ce pas affreux d'être comme Madrid, habités par un saboteur invisible tapi dans nos têtes ? Nous sommes des maîtres de l'ignorance et nos rêves suggèrent que nous connaissons des tas de mondes que nous ne voulons pas voir quand nous sommes en éveil.

Les êtres normaux que nous sommes sont effrayés par ce que nous sommes capables de faire. Seul le mince voile du choix nous sépare du chaos. Ce savoir ébranle nos identités minutieusement échafaudées. Nous n'aimons pas voir que nous ne savons pas contrôler nos « mauvais » sentiments, comme l'envie de meurtre ou l'envie tout court. Nous n'aimons pas ressentir ces sentiments. Pourtant ils existent. Nous ne sommes pas maîtres de ce que nous ressentons. Nous sommes seulement maîtres de ce que nous faisons.

En quoi toutes ces considérations peuvent-elles être utiles à Irina ? Eh bien, si Irina a l'impression qu'elle manque d'expérience par rapport à Juliette, si elle se dit qu'elle ne sait pas vraiment ce que ça fait de mettre tout son avenir en péril et qu'elle n'a jamais vécu des sentiments aussi intenses, elle peut se dire que sa peur n'est pas infondée. Juliette n'a jamais éprouvé ça non plus. Pour Juliette, les enjeux sont énormes.

## Avant de devenir innocent

Si Irina a peur de ne jamais avoir éprouvé l'intensité émotionnelle de Juliette, qu'elle se rassure. Le plus probable, c'est qu'au fond, inconsciemment, elle la connaît trop bien tout en préférant ne pas la connaître. Irina a sûrement fait l'expérience de sentiments gigantesques pendant son enfance. Selon Freud, la pauvreté de nos souvenirs avant l'âge de cinq ans prouve que nous refoulons nos sentiments précoces justement parce qu'ils sont extrêmement subversifs et envahissants. Nous n'aimons pas nous rappeler l'envie et la rage de l'enfance. Peut-être est-ce pour cela que les enfants qui tuent suscitent plus de haine et de peur que leurs homologues adultes.

Au fond, nous savons tout ; ce principe n'est peut-être pas vrai, mais il peut aider l'acteur intimidé par l'expérience émotionnelle qu'un rôle exige.

## Digression : la police de l'imagination

Nous ne pouvons pas tenir compte de tous nos sentiments ; parfois, nous devons dire « non » à nos impulsions. Mais ce conflit nous fait des nœuds dans la tête. Nous ne supportons pas la douleur des sentiments contradictoires ; donc nous essayons de contrôler ce que nous ressentons. Sauf que c'est impossible. En attendant, comme nous sommes fatigués de nous dire tout le temps « non », nous faisons semblant d'être débarrassés de certains sentiments gênants. Nous nous persuadons que certaines pensées et impulsions n'existent pas à l'intérieur de nous. Le filtre des sentiments est un produit dérivé de la civilisation.

Nous faisons sans cesse la police de notre imagination. Nos pensées et nos sentiments font partie de nous. Nous apprenons à détester certains sentiments et certaines pensées et nous n'aimons pas détester des parties de nous-mêmes. Mais nous pouvons toujours mentir et nous avons à disposition quantité de techniques qui nous permettent de prendre les mensonges pour des vérités. Par exemple, nous renommons nos sentiments ou nous imaginons que ce n'est pas nous mais les autres qui nourrissent ces « mauvaises » émotions.

Cette police répressive possède des pouvoirs spéciaux : aucun crime n'a besoin d'être commis. Cette police peut arrêter des sentiments simplement parce qu'ils risquent de mener au crime et elle peut emprisonner une pensée simplement parce qu'elle risque de porter atteinte à l'ordre public. La police donne au prisonnier de nouveaux vêtements, un nouveau nom, un travail monotone, des divertissements bêtifiants, des cours de rééducation morale, une petite cellule et des calmants.

Tout a l'air si bien organisé qu'il faut du temps à ces pensées et ces sentiments pour comprendre qu'il n'y aura jamais de procès. Pas d'habeas corpus, rien qu'une détention permanente sans jugement. De temps en temps, la frustration déborde et les prisonniers se révoltent. Nous avons droit à un nuage de gaz lacrymogène et à quelques coups de feu lointains, mais la police réprime sévèrement l'insurrection. Elle enferme les pensées rebelles dans des cellules encore plus petites, encourage les espions et double la dose de sédatifs.

Quand nous allons au théâtre, nous espérons voir au moins quelques-unes de ces cellules grandes ouvertes et quelques détenus réveillés à grands coups de gifles dans la figure – il est toujours bon de nous rappeler ce que nous gardons sous les verrous. Au théâtre, nous voyons les autres ressentir nos propres sentiments inavoués. Le processus théâtral reste un mystère, mais c'est un processus que nous pouvons d'une certaine façon maîtriser, un peu comme un feu contrôlé. Nous commençons et terminons une représentation comme on allume et on éteint un feu de joie. Les vicissitudes de la vie ne sont pas toujours si dociles. Nous aimons que nos maisons soient sûres, il faut donc que notre théâtre nous paraisse dangereux.

## Digression : la censure

Les sentiments censurés posent généralement de gros problèmes aux acteurs. Or il suffit d'admettre et d'accepter que nous portons tous en nous la mémoire d'extrémités non reconnues et non avouées. Il est utile pour l'acteur d'imaginer que nous avons tous le potentiel – à défaut de l'expérience – d'éprouver tous les sentiments. Nous sommes tous capables de tout ressentir. Peut-être que chacun de nous a tout ressenti un jour, quelque part. Peut-être que ces sentiments insupportables ont simplement changé de noms. Les acteurs qui jouent Macbeth ne doivent pas craindre de ne pas connaître l'envie de tuer. Le problème, c'est qu'au fond, ils ne la connaissent que trop bien.

## En finir avec la doxologie

Il n'est pas plus aisé d'exprimer des émotions que de chier par l'oreille. Vous pouvez pousser aussi fort que vous voulez, rien ne sortira. Les tuyaux ne sont pas reliés, c'est tout.

Comme nous l'avons vu, une cause fréquente de panique est la crainte que notre vie intérieure ne soit pas à la hauteur de ces circonstances extérieures. Pourtant le schéma est clair et la règle simple : ce n'est pas l'intérieur qui est inadapté, c'est l'extérieur. L'extérieur est toujours plus petit que l'intérieur ; le monde est toujours plus petit que le sentiment. Cela signifie-t-il que le grand texte de Shakespeare ne suffit pas à exprimer les sentiments qu'il décrit ? Oui, certainement et ça vaut la peine de se demander pourquoi.

# 16. « Je ne sais pas ce que je dis »

Les mots ne fonctionnent pas. Les mots ne font pas ce qu'ils sont censés faire. Par rapport à nos attentes, les mots sont inadaptés, voire même banals. Essayer d'exprimer en mots ce que nous désirons ou ressentons est aussi pénible que tricoter une écharpe avec des troncs d'arbres. Nous avons beau vouloir dire la vérité, les mots mentent ; ils n'ont pas le choix. Les sentiments et les mots vivent dans des dimensions différentes, comme les ours polaires et les baleines. Le discours, comme n'importe quelle réaction, est toujours voué à l'échec. Les mots commencent à accomplir des prodiges seulement quand nous comprenons qu'ils ne peuvent rien accomplir du tout. Bien sûr, la langue de Shakespeare ne peut pas exprimer l'immensité de ce que Juliette ressent. C'est précisément pour ça que Shakespeare est un génie. Comme Tchekhov, il perçoit très bien l'écart entre ce que nous voulons dire et les pauvres mots que nous avons pour le dire. Plus précisément, ces auteurs sont conscients de notre impossibilité à être entendus.

Bien qu'Irina soit intimidée par la dimension du texte, elle doit se rappeler que le problème de Juliette, c'est l'inverse. Alors qu'Irina craint que son émotion ne soit pas à la hauteur du texte, Juliette a l'impression que son émotion est trop grande pour être contenue dans ce minuscule ensemble de mots. Cet écart entre l'acteur et le personnage est absolument central et fondamental. La distance est libératrice. Et nous avons vu que si Irina essaie de « s'approcher » de Juliette en supprimant les différences entre elles, elle se rassurera peut-être à court terme, mais à long terme, elle finira par se bloquer.

Voici encore une différence cruciale entre Irina et Juliette : Le défi d'Irina est que son texte est trop bon. Le problème de Juliette est que son texte n'est pas assez bon. Car plus les choses nous tiennent à cœur, plus les mots dont nous disposons nous semblent creux. Nous savons combien il est difficile d'exprimer ses condoléances à quelqu'un qui vient de perdre son conjoint : « *Je n'ai pas les mots.* »

Les mots ne servent pas seulement à exprimer. Ils empêchent aussi d'exprimer. Et plus les enjeux augmentent, plus les mots tendent à étrangler le sentiment.


## « Non ! Ce n'est pas cela ; c'est ceci ! »

Un autre exercice du message peut aider Irina. Elle doit expliquer à Roméo encore et encore : « *Non ! Ce n'est pas cela ; c'est ceci ! Non ! Ce n'est pas cela ; c'est ceci !* » etc. tout en se rappelant que « *cela* » renvoie toujours à quelque chose de général tandis que « *ceci* » renvoie à quelque chose de précis. Irina peut rendre cette distinction plus claire en accompagnant « *cela* » d'un geste large et « *ceci* » d'un geste resserré.

Tout le monde sait à quel point il est difficile de décrire les gestes et je vous épargnerai un schéma. Mais disons que sur « *cela* », Irina pourrait, par exemple, écarter désespérément les bras pour montrer à Roméo la stupidité de ses élucubrations romantiques et sur « *ceci* », opter pour un geste minuscule comme coller son pouce et son index pour dire à Roméo qu'il devrait faire preuve de sens pratique. Il s'agit là seulement d'un exemple, mais il faut toujours que « *cela* » et « *ceci* » soient à l'opposé l'un de l'autre. Le premier est « mauvais » aux yeux de Juliette et le second invariablement « mieux ». Le premier affreusement général et le second toujours précis et utile.

Les gestes et les mouvements transforment le message : « *Non ! Ce n'est pas cela* ; c'est *ceci !* » en : « *Ce n'est pas ton idée générale, c'est mon idée précise qui importe !* »

Irina doit répéter cet exercice encore et encore, de toutes sortes de façons possibles, afin de trouver le plus de « *cela* » et de « *ceci* » possibles. Encore une fois, le moment venu, l'observateur extérieur doit crier : « *Texte !* »


## Précisions sur l'exercice du message

Comme nous l'avons vu, au signal « *Texte !* » Irina doit, sans s'interrompre, se lancer dans « *Ma libéralité...* » Les premières fois, l'acteur laisse souvent un « espace de contrôle » qui vient dresser une sorte de pare-feu entre l'énergie du message et l'énergie du texte. Un des objectifs de n'importe quel exercice du message est de permettre à l'énergie physique du message de passer directement dans le texte afin que les muscles – du corps et de l'imagination – se rappellent comment ils bougeaient pendant l'exercice. Le corps et l'imagination d'Irina se rappellent comment elle s'est recroquevillée contre un mur sur un « *cela* » et comment elle s'est jetée sur Roméo sur un « *ceci* » précis. Quand elle retourne au texte, ses muscles s'actionnent sur le même mode que pendant l'exercice et bougent de la même façon pour servir le texte.

Il ne s'agit là que d'un aspect de la scène, mais cet exercice peut servir de base à de nombreuses scènes et aussi parfois vider une tête saturée.

## La tête vide

Le blocage donne l'impression d'avoir la tête tellement farcie que le moment de libération ressemble souvent à un vidage. Souvent, l'acteur fraichement délivré s'étonne : « *C'est tout ?* »

À force de répéter l'exercice du message, Irina va s'abandonner dans la réaction. Elle va s'oublier, se vider la tête et arrêter de contrecarrer ce qu'Irina essaie de faire. L'acteur doit oublier de s'empêcher.

Par exemple, les deux parties du « *Non ! Ce n'est pas cela ; c'est ceci !* » vont sans doute d'abord lui paraître identiques. Si Irina efface toute distinction entre « *cela* » et « *ceci* », l'observateur remarquera qu'elle met les deux éléments dans le même panier. Mais la mission d'Irina est justement de faire comprendre à Roméo que « *cela* » et « *ceci* » sont des pôles opposés. Au bout d'un moment, Irina commencera à différencier les deux. Elle deviendra de plus en plus frustrée que Roméo ne veuille pas ou ne puisse pas voir cette différence essentielle. Elle se verra donc forcée d'exagérer cette différence. Elle montrera, illustrera, indiquera, expliquera ou prouvera à son partenaire qu'il existe un écart énorme entre « *cela* » et « *ceci* ».

Au cours de l'exercice, il deviendra de plus en plus important pour Irina d'arriver à faire entendre cette différence à Roméo. L'enjeu de la scène ne sera plus de savoir comment ce qu'elle dit résonne, mais ce que Roméo entend. Irina sera de moins en moins préoccupée par la façon dont elle est perçue. Son énergie sera de plus en plus tournée vers Roméo. Ses impulsions viendront de plus en plus de son partenaire : « *Pourquoi ne veut-il pas comprendre ?* » La scène porte alors moins sur la façon dont Irina exprime Juliette et plus sur ce que Roméo arrive ou non à voir, entendre et croire.

Irina commencera à jouer en tant que Juliette seulement quand elle sera suffisamment libre pour effectuer ce transfert. Comme toujours, la réaction ne peut venir que de la cible vue par Juliette. Irina ne peut pas se transformer en Juliette, mais Irina peut réagir au monde comme si elle le voyait à travers les yeux de Juliette. Comme toujours, l'acteur doit voir les enjeux du personnage et non ceux de l'acteur.

## L'interruption comme qualité

L'exercice du message est efficace seulement si l'interruption fait partie de ses qualités. La pensée est une série de cibles. Quand je pense à quelque chose, je vois cette chose comme une cible. Toutes les pensées sont des cibles. Et toutes les pensées doivent obéir à toutes les règles de la cible.

La pensée possède un attribut essentiel pour l'acteur : la qualité de l'interruption. Les pensées ne sortent jamais de nulle part.

Et nous avons toujours des pensées. Aucun humain conscient ne peut être dénué de pensée. Chaque pensée supplante la précédente. Chaque nouvelle pensée nous force à écarter une ancienne pensée qui sera à son tour évincée par une « meilleure » pensée qui joue des coudes pour avoir la première place. Les pensées sont ambitieuses et se bousculent toujours pour prendre le devant de la scène – et aucune pensée n'est jamais identique à la précédente.

## Pensée et texte

L'évolution est inévitable. Nous ne pouvons pas prononcer deux fois le même mot. Nous ne pouvons pas avoir deux fois la même pensée.

« *Les murs du jardin sont hauts et difficiles à gravir.* »

Irina ne peut pas accorder le même poids à « haut » et à « *difficile* ». Ce sont deux mots différents. Donc le stimulus pour « *haut* » doit être différent du stimulus pour « *difficile* » ; il doit y avoir un mouvement qui l'amène de l'un à l'autre.

Au moment où elle dit « *haut* », Juliette imagine peut-être que le mot « *difficile* », qui surgit soudain dans son champ de vision, est « mieux » pour obtenir ce qu'elle veut – par exemple, obtenir une réponse de la part de Roméo. De même :

« *Ah ! je voudrais rester dans les convenances ; je voudrais, je voudrais nier ce que j'ai dit. Mais adieu, les cérémonies !*
*M'aimes-tu ? Je sais que tu vas dire oui,*
*et je te croirai sur parole.* »

Ici, à chaque fois qu'Irina prononce le mot « *voudrais* », il faut qu'il soit différent. Car nous ne disons jamais deux fois le même mot. De plus, aucune pensée n'est égale à celle qui la précède. Chaque pensée se croit « meilleure » que celle d'avant. Chaque pensée entre de force jusqu'à être mise à la porte une fois qu'elle devient indésirable pour son hôte. Les cibles que Juliette voit en Roméo changent sans cesse et le reste de ses pensées avec.

« *Rester dans les convenances* » n'est plus aussi fort que le simple « *nier ce que j'ai dit* ». Juliette s'interrompt et s'ordonne de se taire en disant « *adieu, les cérémonies !* » puis elle s'interrompt encore en posant malgré elle la question : « *M'aimes-tu ?* » puis elle interrompt Roméo avec « *Je sais que tu vas dire oui* » avant de s'interrompre encore une fois en coupant court à toute éventuelle objection en disant « *je te croirai sur parole* ».

L'interruption n'a pas besoin d'être littérale, dans le sens où chaque nouvelle phrase d'Irina ne doit pas forcément effacer la précédente. L'ancienne pensée ne disparaît jamais totalement dans le vide et la nouvelle ne surgit pas toujours après une pause fort pratique. Avant que la vieille pensée ait le temps d'expirer, la nouvelle lui passe sur le corps. Irina sera plus libre si ses pensées acquièrent la qualité de l'interruption.

La cible seule dicte le rythme, la vitesse et l'énergie de tout ce que nous faisons.


## Rythme, cible et interruption

Le rythme dépend de la cible. L'interruption ne devrait jamais bloquer la cible. L'acteur doit toujours rester attentif à la cible. Quand nous interrompons, nous ne coupons pas notre attention de tout ce qui nous entoure. Quand nous avons l'air d'interrompre, en réalité, c'est une nouvelle cible qui nous a interrompus. Donc nous détournons notre attention de l'ancienne cible. La nouvelle cible capte notre attention jusqu'à ce qu'une « meilleure » cible apparaisse. Nous sommes totalement infidèles à la cible. L'interruption survient à cause de la nouvelle cible. Quand nous commençons à jouer avec la vue et l'interruption, nous avons d'abord l'impression que nous ne pouvons faire qu'une chose à la fois. Mais l'acteur doit s'exercer aux deux : voir et interrompre. Bien sûr, voir vient toujours une fraction de seconde avant ; nous voyons, puis nous faisons.

## « Interrompre » ne veut pas dire « aller vite »

Il s'agit là d'une mise en garde très simple, mais toujours vraie. En pratique, il paraît souvent difficile d'interrompre sans aller plus vite. L'interruption nous sert à passer d'une pensée à une autre, mais la vitesse risque de détacher l'acteur de la cible. L'interruption n'a rien à voir avec la vitesse. Quand nous commençons à travailler l'interruption, le premier effet est souvent une tendance à l'accélération. Si l'acteur se met globalement à aller plus vite, la cible deviendra floue. Nous ne contrôlons pas notre vitesse. Seule la cible contrôle notre vitesse. Ce que nous voyons dicte notre rythme. En général, nos pensées sont plus rapides que nous ne le voudrions et quand les enjeux augmentent, elles battent des records de vitesse. De même, quand nous sommes agités et affirmons que nous n'arrivons plus à penser, ça n'est pas vrai. Notre frustration ne vient pas du fait que nous ne sommes plus capables de penser, mais du fait que nos imaginations regorgent soudain de pensées qui n'ont rien à voir avec celle dont nous avons besoin.

## « Interrompre » ne veut pas dire « ne pas écouter »

L'acteur qui interrompt ne doit pas pour autant cesser d'écouter.

ROMÉO
*Oh ! vas-tu donc me laisser si peu satisfait ?*

JULIETTE
*Quelle satisfaction peux-tu obtenir cette nuit ?*

ROMÉO
*Le solennel échange de ton amour contre le mien.*

JULIETTE
*Mon amour ! je te l'ai donné avant que tu l'aies demandé.*

Mais dans cet échange rapide, comment Irina peut-elle écouter Roméo tout en réussissant à l'interrompre ? Comment peut-elle commencer à voir la pensée et dire « *Quelle satisfaction* » avant d'avoir entendu Roméo prononcer le mot « *satisfait* » ? Le mot-clé étant le dernier mot, qu'elle transforme en « *satisfaction* » juste après, ne faut-il pas qu'elle en ait entendu les moindres syllabes avant de pouvoir le répéter ?

Irina peut se rappeler deux choses : Premièrement, quand les enjeux augmentent, notre écoute a tendance à s'améliorer. Deuxièmement, quand les enjeux augmentent, nous commençons à sentir les élans de pensée sous-jacents de notre interlocuteur. Quand la situation devient grave, nous avons du mal à prévoir ce qui va se passer. Mais quand les enjeux augmentent, nous anticipons avec plus de précision ce que l'autre va dire. Notre production de prévisions et d'hypothèses est démultipliée. Quand les enjeux augmentent, nous avons plus de rêves et de cauchemars au sujet des mots que l'autre va prononcer.

Imaginez qu'un ami vous appelle et vous demande gravement de venir le voir… tout de suite. Il ouvre la porte, blanc comme un linge, et murmure : « *Je suis vraiment désolé, viens, entre, ferme la porte et assieds-toi. J'ai une mauvaise nouvelle à t'annoncer.* » Puis il s'arrête pour allumer une cigarette…

Que se passe-t-il pendant cette… pause ? Combien de temps cela semble… durer ? Qu'imaginez-vous pendant ce… ? Combien de scénarios différents construisez-vous ? Combien de mots possibles craignez-vous d'entendre ? Vous avez inventé tout un roman. C'est pour ça que nous avons la sensation étrange de savoir ce qui va être dit juste avant de l'entendre. Les mots semblent remplir un espace déjà prévu pour eux par nos oreilles. Est-ce la gravité qui nous rend clairvoyants ? C'est surtout l'importance des enjeux qui stimule notre imagination et nous fait inventer une multitude de scénarios. Plus nous envisageons un grand nombre d'issues possibles, plus il est probable que l'une d'elles soit la bonne.

En d'autres termes, juste avant que Roméo dise « *peu satisfait* », Juliette craint/espère peut-être que le mot qu'il va dire sera : ravi / seul / heureux / effrayé / frustré / énervé / triste / satisfait / insatisfait etc. Elle n'a pas besoin d'entendre le mot jusqu'au bout et d'attendre une seconde avant de répondre. Sa réponse est déjà à moitié prête. Irina doit donc interrompre en même temps qu'elle écoute. Ça n'est pas facile, mais c'est ce que nous faisons naturellement quand les enjeux augmentent.

## L'interruption est inévitable

Même si Irina choisit de laisser un long temps perplexe avant de demander « *Quelle satisfaction…* » elle finira par interrompre. Car quelle que soit la longueur du silence, il ne peut pas être vide de pensée. Tout silence est rempli de pensées. Quoi que Juliette dise, ce sera toujours une pensée qui a interrompu une pensée qui a interrompu une pensée, etc. … Toute pensée est une interruption. Juliette décide peut-être de prendre le temps de rassembler ses esprits, de dresser un plan avant d'interroger calmement Roméo pour le remettre à sa place. Mais même cette question posée calmement sera différente de celle qu'elle avait initialement prévue.

Un corollaire de ce principe est que la temporisation n'existe pas. Nous pouvons remettre quelque chose à plus tard, mais quand nous nous attelons à la tâche, rien ne se passe jamais comme prévu. En d'autres termes, tout ce qu'Irina fait jaillit dans l'instant. Simplement, il vaut mieux que cette improvisation de pensées découle du fait que Juliette voie devant elle un jeune homme fou ou mauvais ou dangereux et non du fait qu'Irina se demande si le public sera ainsi !

## Penser et voir

Quand nous pensons, nous voyons nos pensées. Une pensée est une cible. Cette cible est vue puis abandonnée pour une autre cible également vue puis abandonnée et ainsi de suite. Quand je pense, je rejette une pensée au profit d'une autre ; j'écarte une chose que je vois pour une autre chose que je vois à la place. La pensée est un processus qui consiste à balayer des images. Je vois une image et ensuite je fais quoi ? Je la jette et je la remplace par une autre image.

# 17. LES EXERCICES DU TEXTE IMAGINAIRE

## 1. L'exercice du pré-texte

Comme tout ce que nous faisons, tout ce que nous disons surgit à cause de quelque chose d'autre. Tout texte est une réaction. Tout texte est forcément une réaction à une action antérieure que la cible est déjà en train d'accomplir. Chaque fragment de texte doit donc avoir un déclencheur, par exemple des paroles imaginaires auxquelles le texte en question réagit. Prenons ce passage :

*« Oh ! sois quelque autre nom !*
*Qu'y a-t-il dans un nom ? Ce que nous appelons une rose*
*embaumerait autant sous un autre nom.*
*Ainsi, quand Roméo ne s'appellerait plus Roméo,*
*il conserverait encore les chères perfections qu'il possède…*
*Roméo, renonce à ton nom ;*
*et, à la place de ce nom qui ne fait pas partie de toi,*
*prends-moi tout entière. »*

Irina doit imaginer ce que Roméo aurait pu dire pour la pousser à le contredire. Irina imagine les mots qu'elle doit renverser. Elle donne à Roméo un texte imaginaire.

Par exemple, ce qui pourrait lui faire dire :

« *Oh ! sois quelque autre nom !* »
Pourrait être :

« *Je ne peux rien y faire, je porte un nom célèbre, Juliette, je ne peux pas m'en séparer...* »

Alors, il faudrait qu'elle change Roméo en disant : « *Oh ! Sois quelque autre nom...* » Ses mots viendraient en réaction à ce fragment de texte imaginaire. Irina travaille ainsi à l'envers, en inventant ce que Roméo a pu dire précédemment. Le pré-texte imaginaire doit venir avant les répliques qu'elle prononce et non après.

Par exemple :

ROMÉO

**Mais les noms sont importants, Juliette...**

JULIETTE

*Qu'y a-t-il dans un nom...*

ROMÉO

**Le nom est tout, Juliette...**

JULIETTE

*Ce que nous appelons une rose...*

ROMÉO

**Mais...**

## JULIETTE

*Embaumerait autant sous un autre nom...*

## ROMÉO

**Je ne suis pas d'accord...**

## JULIETTE

*Ainsi, quand Roméo ne s'appellerait plus Roméo...*

## ROMÉO

**Non, Juliette ! Un jour, peut-être...**

## JULIETTE

*il conserverait encore les chères perfections qu'il possède...*

## ROMÉO

**Mais Juliette, j'ai besoin de...**

## JULIETTE

*Roméo, renonce à ton nom...*

## ROMÉO

**Sans mon nom, que me reste-t-il ?**

## JULIETTE

*Et, à la place de ce nom qui ne fait pas partie de toi...*

## ROMÉO

**Juliette, je n'aurais plus rien...**

JULIETTE

*Prends-moi toute entière.*

Les points de suspension à la fin des répliques indiquent la qualité de l'interruption qui est une caractéristique fondamentale de la pensée. Tous ces fragments de pré-texte imaginaires précisent ce que Juliette doit changer. Bien sûr, ils sont provisoires. Mais ils offrent à Irina une porte d'entrée dans la scène parce qu'il serait terrible pour elle que Juliette n'ait rien à changer. Si Juliette était parfaitement satisfaite de l'ordre du monde actuel, ce serait tragique pour Irina ! Voilà encore une différence cruciale entre les deux femmes.

Dans cet exercice, tout le texte de Juliette est une réaction au texte de Roméo.

## Tout texte dit « Non ! »

Que se passe-t-il alors quand Roméo et Juliette semblent parfaitement d'accord ?

ROMÉO

**Je voudrais être ton oiseau !**

JULIETTE

*Ami, je le voudrais aussi.*

Juliette a l'air d'accord avec Roméo. Il ne semble pas y avoir de conflit. Pourtant, il faut qu'il y en ait sinon, il n'y a pas de vie. « *Ami, je le voudrais aussi* » veut peut-être dire :

*« Non, Roméo ! Tu crois être le seul à ressentir ça, mais moi aussi, je ressens la même chose. »*

Ou encore :

*« Non, Roméo ! Tu crois être le seul à te sentir métamorphosé par l'amour, mais tu n'es pas le seul. »*

Ou encore :

*« Non, Roméo ! Je veux bien croire que tu m'aimes, mais tu ne comprends pas que je t'aime aussi. »*

En d'autres termes, tout ce que Juliette dit à Roméo doit correspondre au schéma : « *Non ! Ne crois pas cela, crois ceci !* »

## 2. L'exercice du post-texte

Cet exercice obéit à des règles très différentes et ne doit surtout pas être confondu avec l'exercice du pré-texte.

Quand un blocage survient, l'acteur peut se souvenir de la cible et des enjeux. Quand le blocage survient et qu'il semble venir du texte, l'exercice du post-texte est un bon moyen de retrouver les enjeux. Irina peut se servir de cet outil pour extraire ses mots d'un embrouillamini de pensées confuses. L'exercice du post-texte prend la forme d'une double question qui appelle une double réponse. L'acteur demande simplement « *Qu'est-ce qui serait bien que mon partenaire réponde ?* » et aussi « *Qu'est-ce qui serait mal ?* »

Imaginons qu'Irina soit empêtrée dans la phrase :

*« Oh ! sois quelque autre nom ! »*

Elle a essayé d'appuyer sur le « *Oh !* » ; elle a même essayé toutes sortes d'intonations pour chacun des mots, mais elle a toujours l'impression d'être fausse et sans vie. Il suffit qu'Irina demande : « *Qu'est-ce qui serait bien que Roméo réponde ? »* et *« Qu'est-ce qui serait mal ? »* Eh bien, ce qui serait bien, ce serait que Roméo réponde : « *D'accord, je vais changer de nom tout de suite* » et ce qui serait mal : « *Je ne changerai jamais mon nom.* »

Irina n'a plus qu'à rejouer son texte à Roméo en se vidant la tête et en pensant seulement qu'elle veut entendre ce qui est bien et qu'elle ne veut pas entendre ce qui est mal. Ce processus peut sembler d'une évidence abrutissante. La double question emploie certes un langage enfantin, mais en réalité, c'est un exercice très efficace qui guérit d'un tas de confusions invisibles. Les questions du post-texte font rapidement voir à Irina les enjeux dynamiques de la scène à travers les yeux de Juliette.

## Avertissement

Irina ne doit jamais prononcer une réponse unique. La réponse unique est destructrice, même si elle semble répondre aux deux questions à la fois. Un exemple de réponse unique serait : « *Eh bien, dans cette situation, Juliette se dit que Roméo doit renoncer à son identité... »*

Le contenu de la réponse unique peut paraître identique à celui de la double réponse, mais la forme diverge. Mortellement.

La réponse unique propose une vision globale du personnage, qui, à court terme, peut rassurer Irina en lui faisant croire qu'elle a pris le contrôle de Juliette. Mais à long terme, la réponse unique va la bloquer, car il s'agit d'une réponse fatale « en un ». La réponse « en un » emmène Irina loin des yeux de Juliette à une distance apparemment confortable où elle peut voir le personnage d'un œil détaché.

Et à chaque fois qu'Irina jouera à cet endroit, elle se sentira désinvestie. Pour compenser, elle forcera son jeu, se contorsionnera, donnera dans le sentiment et malgré tous ses efforts pour ressusciter, restera aussi froide que la mort.

Prenons « *Qu'y a-t-il dans un nom ?* »

Qu'y-aurait-il de bien et de mal que Roméo puisse répondre à cette question ?

Ce serait bien qu'il réponde : « *Tu as raison, les noms ne sont rien ! Ce n'est qu'une vaste escroquerie inventée pour qu'on se tienne tranquilles !* » Et ce serait mal qu'il réponde : « *Comment peux-tu dire ça ? Mon nom est toute ma culture ! Comment pourrais-je renoncer à mon univers ?* »

Au fil des répétitions, Irina peut continuer à développer les réponses imaginaires de Roméo. Elle peut laisser libre cours à son imagination – car les bonnes et les mauvaises réponses n'ont pas besoin d'être plausibles. Et il y en a aura beaucoup. Mais Irina ne doit jamais renoncer à la banalité des questions. Au contraire, elle doit lutter pour empêcher les questions enfantines de se sophistiquer. Il est difficile de préserver la simplicité de la formule parce que le langage puéril a quelque chose d'irritant. Peut-être est-ce justement parce que la double question : « *Qu'est-ce qui serait bien que mon partenaire réponde ? Et qu'est-ce qui serait mal ?* » nous met à nu que nous avons du mal à la préserver.

Même développer la question en : « *Quelle est la meilleure réponse que Roméo puisse prononcer et quelle est la pire ?* » représente un certain danger. « Meilleur » et « pire » sont deux extrêmes. Or ni Irina ni Juliette ne peuvent savoir avec certitude ce qui est le « mieux » absolu et ce qui est le « pire » absolu. Prenons un exemple :

> « *M'aimes-tu ? Je sais que tu vas dire oui,*
> *et je te croirai sur parole. Ne le jure pas :*
> *Tu pourrais trahir ton serment : les parjures des amoureux*
> *font, dit-on, rire Jupiter… »*

Quelles sont la meilleure et la pire réponses que Roméo puisse apporter à : « *M'aimes-tu ?* » Le mieux serait incontestablement : « *Oui, je t'aime.* » Et le pire : « *Non, je ne t'aime pas.* » Mais ça n'est pas si simple. Nous avons sûrement tous vécu des disputes dont un des ingrédients était : « *Est-ce que tu m'aimes ? Pas la peine de dire oui, parce que de toute façon, je ne te croirai pas ! Mais est-ce que tu m'aimes ?!* » Ce que Juliette dit à ce moment-là, quoique légèrement différent, est un peu dans la même veine. Parce qu'elle avoue que même si « *oui* » est la réponse qu'elle souhaite entendre, elle n'y croira pas complètement. Elle veut donc qu'il proclame son amour et en même temps elle ne veut pas qu'il proclame son amour. Elle veut deux choses contradictoires. Elle ne sait pas ce qu'elle veut entendre.

En effet, c'est comme si Juliette avait fait son propre exercice du post-texte et n'arrivait pas à choisir la meilleure réponse que Roméo puisse formuler. Pourtant, elle peut imaginer au moins une réponse satisfaisante puisque qu'elle envisage plusieurs « bonnes » réponses contradictoires. Ces « bonnes » réponses pourraient être :

*« Oui, je te jure que je t'aime ! »*

Ou encore :

*« Je ne vais pas jurer que je t'aime parce que de toute façon, tu ne me croiras pas. »*

Ces deux « bonnes » réponses se contredisent. Et ces contradictions perturbent Juliette, mais aident Irina.

À l'inverse, des « mauvaises » réponses de Roméo pourraient être :

• *« Non, je ne t'aime pas. J'exerce ma poésie sur toi avant d'aller voir Rosaline. »*
• *« Oui, je t'aime ! Je te le jure, je te le promets, je ne te mens pas. Je veux dire, ai-je l'air d'être un homme faible qui change d'avis tout le temps ? Vraiment ? »*

Peu importe si ces réponses sont plates ou insensées. Quand les enjeux augmentent, un tas de possibilités rocambolesques nous traversent l'esprit. Irina peut toujours les écarter. Mais « pire » et « mieux » sentent le perfectionnisme à plein nez. « Bien » et « mal », « bon » et « mauvais » n'ont pas besoin d'être pris au sérieux. Bien sûr, au fil des répétitions, Irina trouvera des questions plus précises qui appellent des réponses plus vivantes. Et si elle se tient à la simple formule de la double question, elle pourra explorer les « bonnes » réponses les plus saugrenues :

*« Tu ne seras plus jamais seule, tu n'auras plus jamais peur. Je viens de discuter avec Tybalt et tes parents et ils pensent que notre mariage pourrait être une bonne manœuvre politique. D'ailleurs, ce sont eux qui m'ont fait entrer dans le jardin. »*

De même pour les « mauvaises » :

*« C'était un pari ! Mercutio a parié que je n'aurai pas le cran de draguer une Capulet ! J'ai gagné mon pari, je t'ai eue, pas vrai ? Mais comme je culpabilise un peu, je me suis dit que j'allais venir m'excuser. Pâris est un mec super et je te considérerai toujours comme une sœur. Ne le prends pas pour toi. Salut. »*

# 18. Faire semblant

## Le rythme de trois

Tout ce que nous entreprenons échoue. Chaque réaction qu'un acteur joue échoue. Dans l'exercice « *Non ! Ce n'est pas cela, c'est ceci !* » Irina ne convainc pas son partenaire que « *cela* » est très différent de « *ceci* ». Elle essaie de le convaincre et comme elle échoue, elle recommence. Plus précisément, Irina essaie de changer les convictions de son partenaire, elle échoue alors elle recommence.

- Essayer de transformer l'autre
- Voir que ça n'a pas marché
- Essayer autre chose

Ces trois étapes sont à la base de tout ce qu'un acteur dit ou fait.

## La satisfaction impossible

La satisfaction totale n'existe pas parce que nous voulons toujours quelque chose, même s'il ne s'agit que du prochain repas ou de la prochaine respiration. Il y a toujours quelque chose à perdre ou à gagner, il y a toujours quelque chose en jeu.

Pourtant, il n'y a pas d'état du gain ou de la perte. Dès que nous avons gagné ou perdu quelque chose, une nouvelle chose apparaît, une autre chose à perdre ou à gagner. C'est épuisant dans la vraie vie, mais très utile pour l'acteur. Il n'y a pas de stabilité. Nous ne pouvons pas vivre dans un état fixe ; en réalité, aucun état de quoi que ce soit n'est atteignable Il n'existe ni un état de succès et d'accomplissement total, ni un état de catastrophe absolue. L'issue espérée ne donne jamais lieu à un état de satisfaction parfaite. L'issue redoutée ne donne jamais lieu à un état de pur désespoir.

Même quand ce que nous faisons semble avoir parfaitement réussi, nous échouons.

## Jouer par désespoir

Nous sommes désespérés quand nous avons perdu tout espoir. Nous sommes désespérés quand il n'y a plus rien en jeu. Il arrive qu'il n'y ait plus rien en jeu quand nous essayons de décrire un état. Donc si Irina décide que sa mission dans la scène du balcon consiste à dépeindre la joie que son amour pour Roméo procure à Juliette, alors elle aura beau sourire et respirer avec extase, elle jouera toujours par désespoir. Car on n'arrive à rien en dépeignant un état.

« Jouer par désespoir » est une source fréquente et majeure de blocage. L'acteur « joue par désespoir » quand il oublie qu'il y a une double issue à chaque moment de la vie sur scène. Quand vous essayez de représenter un état émotionnel, vous jouez par désespoir.

Le fait d'indiquer une émotion provient toujours du désespoir. C'est pour ça que ça ne fonctionne pas.

## Le désespoir impossible

Il est utile pour l'acteur de se rappeler que le pur désespoir n'existe pas, n'a jamais existé et n'existera jamais. Même le suicide espère la mort. « L'espoir » et « le désespoir » ont l'air de mots-miroirs, de concepts indissociables, comme la nuit et le jour. Mais seul l'un d'eux existe, l'espoir. Et l'espoir est toujours présent, dans chaque situation. L'espoir existe comme nous, indépendamment de notre volonté. Nous avons beau essayer de fermer la porte à l'espoir, il parvient toujours à se glisser dans les plus minuscules interstices. L'espoir est souvent cruel.

Le pur désespoir est impossible. C'est pourquoi, en théologie, c'est le seul péché impardonnable. Tous les péchés sont pardonnables ; le pur désespoir est le seul qui ne le soit pas parce qu'il ne peut pas exister. Le désespoir n'est qu'une notion hypothétique, comme zéro ou l'infini.

## Le paradoxe de la perte et de la renaissance

Donc l'acteur se trouve face à un paradoxe à la fois étrange et utile. Tout ce que nous entreprenons échoue, mais le désespoir n'existe pas. Les trois étapes « *essayer, échouer, essayer autre chose* » sont cruciales. Nous ne pouvons pas faire la même chose deux fois. Nous ne pouvons pas jouer deux fois la même réaction, de même que nous ne nous baignons jamais deux fois dans le même fleuve. La condition humaine consiste à vivre avec la perte permanente et la renaissance permanence.

Toute la vie, nous devons lutter pour suivre le rythme de la réalité, car la cible ne tient pas en place.

Les trois étapes « *essayer, échouer, essayer autre chose* » soustendent la scène pour Irina. Juliette voit un Roméo qu'elle veut changer. Posséder quelqu'un, c'est essayer de changer, épouser quelqu'un, c'est essayer de le changer, voir quelqu'un, c'est essayer de le changer. Quand nous écoutons les gens, nous les transformons sans arrêt. Nous les faisons passer d'une personne non entendue à une personne entendue.

## Changer les convictions et les croyances

Tous ceux qui ont sué en compagnie de chorégraphes de combat connaissent la règle d'or : « *Ne baisse jamais le regard !* » Le chorégraphe de combat sait que le combat tient autant dans l'intention que dans les coups. De même, l'entraîneur sait que le gymnaste a autant besoin de motivation que de force musculaire. L'entraîneur doit renforcer l'assurance et la détermination de son athlète. En réalité, au cours d'une séance d'entraînement, l'entraîneur consacre presque toute son énergie à changer la conviction du gymnaste ; et plus tard, pendant la compétition, le gymnaste consacrera presque toute son énergie à changer sa propre conviction. L'athlète apprendra que son principal objectif n'est pas seulement d'avoir de la force, mais de croire en sa force : « *Je peux aller plus vite ! Oui, je peux le faire, je peux vraiment le faire ! Doucement... Si je pouvais seulement...* »

## Faire croire et faire semblant

Faire semblant est une expression intéressante. Elle renvoie généralement à la construction d'un monde imaginaire. Mais elle peut aussi désigner une sorte de lavage de cerveau. Tout être humain est un « faiseur de semblant » ou plus précisément un « faiseur de croyances ». Les humains sont sans cesse en train de transformer les convictions et les croyances, les leurs et celles des autres.

Irina peut ainsi travailler sur chaque mot du texte de Juliette en utilisant ce simple message :

« *Non ! Ne crois pas cela, crois ceci !* »

Encore une fois, « *cela* » est plus général et « *ceci* » plus spécifique.

Comment la notion du « faire croire » peut-elle aider Irina dans la pratique ? Comment cet exercice peut-il l'aider à ne pas donner dans le sentiment ? Prenons la réplique :

« *Renie ton père et abdique ton nom* »

L'exercice peut aider Irina à préciser ce qu'elle fait, en passant de :

• Demander à Roméo de renier son père, à

• Amener Roméo à croire qu'il doit renier son père.

La première action est simple, la seconde beaucoup plus compliquée.

La première semble rendre la tâche d'Irina beaucoup plus facile que la seconde.

La seconde oblige Juliette à se donner plus de mal.

La seconde oblige Juliette à être plus précise.

La seconde peut paraître très difficile et compliquée, mais la scène du balcon est une scène difficile et compliquée pour Juliette.

Plus Irina rend la scène du balcon facile pour Juliette, plus elle rend la tâche difficile pour Irina.

Quoi que nous fassions, nous essayons toujours de changer la cible et une part étonnamment grande de nos actes consiste à changer les convictions et les croyances. Surtout, tout texte vise à changer les convictions et les croyances.

## Un autre exemple

Plus tôt, Juliette dit : « *Ce que nous appelons une rose embaumerait autant sous un autre nom.* » Quelle conviction Juliette peut-elle essayer de changer en disant ça ? Peut-être essaie-t-elle de faire croire à un Roméo imaginaire qu'en changeant de nom, il resterait le même. Ou par extrapolation, et de façon plus utile, peut-être essaie-t-elle de voir un Roméo qui a besoin d'être persuadé que les noms n'ont pas d'importance.

En réalité, nos convictions et nos croyances sont extérieures à nous ; elles se comportent comme toutes les cibles et doivent obéir aux règles. Nous sommes en permanence attentifs à l'état de nos convictions. Ces structures agissent-elles seulement dans les moments actifs comme les conflits ou la séduction ? Qu'en est-il des moments de réflexion et de méditation ? Quand Juliette songe à la lune, par exemple ?

## La passivité n'existe pas

Cette affirmation peut en faire enrager plus d'un, mais elle n'a pas besoin d'être vraie pour être utile. Un être humain n'est jamais inactif. Même quand nous dormons, notre cœur, nos poumons et notre système nerveux central travaillent dur pour nous maintenir en vie, et quand le cerveau endormi tressaille, il nous envoie des rêves. Scientifiquement, les rêves viennent de l'intérieur de nous. Mais les mouvements oculaires rapides prouvent que ce que nous fabriquons est projeté vers l'extérieur – nous voyons nos rêves se dérouler hors de nous. Même nos rêves sont constitués de cibles. Des cibles étranges et mouvantes qui obéissent à une étrange logique, mais des cibles quand même. De plus, quand nous rêvons, nous sommes scénaristes, acteurs, régisseurs, éclairagistes, metteurs en scène, monteurs, spectateurs et censeurs… un groupe plutôt actif en somme.

Bon nombre de nos actes semblent cependant complètement passifs : recevoir quelque chose, céder à quelque chose, prendre quelque chose, subir quelque chose, assister à quelque chose, éprouver quelque chose, regretter quelque chose, se soumettre à quelque chose, obéir à quelque chose, redouter quelque chose, ignorer quelque chose. Mais si nous examinons chacun de ces verbes en situation, nous verrons qu'ils renferment toujours un élément actif. Aussi insignifiant soit-il, il est tout ce que l'acteur peut jouer.

Les humains essaient toujours d'obtenir ce qu'ils veulent. Ce principe s'applique même à nos moments les plus altruistes. Le problème, c'est que nous n'avons pas envie de nous voir comme des êtres qui cherchent à « obtenir ce qu'ils veulent ». Servir ses intérêts personnels peut sembler méprisable donc nous préférons faire semblant d'être passifs. Et nous sommes au premier rang pour assister au spectacle. Révéler sa passivité peut avoir des conséquences spectaculaires. Mais souvent, la plupart d'entre nous et presque toujours, certains d'entre nous, en somme chacun d'entre nous à un moment ou à un autre, masque sa volonté sous un voile de passivité. Sans cette particularité, la société serait invivable car il y aurait en permanence des conflits avérés. Cela dit, il reste évidemment des tas de conflits cachés.

## Jouer la passivité

Comment un acteur peut-il jouer un personnage apparemment passif ? Prenons l'exemple de Gertrude. L'actrice a l'impression que Shakespeare a volontairement brossé un personnage effacé. Mais elle devra néanmoins effectuer un travail invisible pour découvrir ce que Gertrude veut vraiment. Le calme ? La paix ? Le bonheur de son fils ? Un royaume préservé ? Un mari satisfait ? Deux hommes qui se battent pour elle ? L'actrice doit s'interroger, puis peut-être oublier ce que Gertrude veut vraiment. Parce que Gertrude ne sait peut-être pas, ou ne souhaite peut-être pas savoir, ce qu'elle veut vraiment. Nous ne nous autorisons pas à tout voir. Nous avons envie d'être heureux, ça, normalement, nous parvenons à le voir ; mais en même temps, nous avons peut-être aussi envie d'être malheureux, ce que nous sommes rarement prêts à voir.

Il est souvent difficile de définir ce que nous voulons vraiment, et donc de définir ce que nos personnages veulent vraiment. En règle générale, nous ne faisons que ce que nous voulons dans la limite de ce que les circonstances permettent.

Quand Roméo tue Tybalt, il se retrouve pris dans des conflits entre la vendetta familiale, son amour soudain pour la fille des Capulet, son désir de renouveau, son désir de rester fidèle à lui-même, et un choix cornélien entre Mercutio et Juliette, sa famille et sa liberté. Il ne comprendra tout cela que plus tard, avec le recul. Nous avons eu des siècles pour réfléchir à une décision prise par Roméo en une fraction de seconde. Mais au milieu de toutes les contraintes du contexte – le sang qui coule, la chaleur de l'après-midi, la panique, le manque d'informations, la peur, l'adrénaline de la rage, de la culpabilité et du chagrin – Roméo doit faire un choix.

## Les actes et les mots

Les actes comptent plus que les mots. Nous en apprenons davantage sur les gens d'après ce qu'ils font que d'après ce qu'ils disent. Donc une règle utile consiste à décréter que quand les mots et les actes d'un personnage se contredisent, les actes ont forcément l'ascendant. Par conséquent, pendant le travail invisible, accordez toujours plus d'importance à ce que le personnage fait qu'à ce qu'il dit – surtout si les deux sont en conflit.

Nous avons parlé du personnage. Nous avons parlé de l'émotion, du texte, de la réaction, de l'espace. Autant de pattes pour une seule araignée. Nous essayons de trouver l'araignée. Les pattes ne peuvent être prises individuellement. Elles bougent toutes simultanément, sinon l'araignée se casse la figure. Cela dit, si nous ne laissons qu'une seule patte à cette étrange araignée, elle est capable de régénérer les sept autres.

# 19. « Je ne sais pas ce que je joue »

La huitième et dernière patte de l'araignée est particulièrement trompeuse parce qu'elle a l'air extrêmement professionnelle. Irina veut savoir ce qu'elle joue et pourquoi pas ? Il semble tout à fait normal qu'Irina impose cette condition essentielle consistant à savoir précisément ce qu'elle joue. Mais Juliette sait-elle ce qu'elle joue ?

Si vous demandiez à Juliette ce qu'elle joue, elle aurait l'air ahurie. Juliette ne dirait jamais qu'elle joue quoi que ce soit. Par contre, Juliette apprendra qu'elle doit s'adapter à un nombre incroyable de circonstances : une foule de pensées, de sentiments, d'actes et d'issues possibles se disputent son attention. Juliette doit découvrir ce qui se passe, découvrir ce qu'elle ressent, essayer de voir qui est Roméo, se débrouiller pour survivre, définir ce dont elle a besoin, ce qu'elle doit empêcher, ce qu'elle a à perdre et ce qu'elle a à gagner. Ce qui est certain, c'est que Juliette essaiera d'accomplir toutes ces tâches sans parvenir à en accomplir parfaitement aucune. Comme pour les autres pattes de l'araignée, « ce que je joue » doit venir de la cible et non de « moi ». Quand j'essaie de savoir à l'avance ce que je joue, je renverse involontairement cette donnée et je mets la charrue avant les bœufs. En réalité, si je peux prédire ce que je joue, cela signifie que :

- La cible est plus ou moins immobile
- Je sais quelle est la cible
- Je sais comment la cible va réagir
- Je viens avant la cible
- Je contrôle la cible et non l'inverse
  … ça fait beaucoup de suppositions.

Savoir à l'avance ce que je dois jouer est un luxe de répétition qui n'existe pas dans la vraie vie. Le démineur ne choisit pas entre désamorcer la bombe et rester en vie. D'ailleurs, tous ces choix s'envolent face à la précision des détails concrets : « *Est-ce que ce fil est relié à ce dispositif ou à cet autre ? Est-ce que ce bouton est un vrai bouton ou non ? Si je plisse les yeux, réussirai-je à être moins ébloui par le soleil et à éviter l'explosion ?* »

## Tout bouge sans cesse

Que nous le voulions ou non, tout bouge et change sans cesse. Pourtant, nous nous méfions de l'indépendance du monde extérieur. La cible a l'habitude de faire ce qu'elle veut et nous n'aimons pas beaucoup ça. Nous ne pouvons pas modifier la loi du mouvement perpétuel, mais nous pouvons nier cet aspect déplaisant de la réalité. Nous pouvons rêver que le monde est immobile alors qu'il ne l'est pas. Nous pouvons interpréter ce que nous voyons à notre guise, donc nous pouvons prétendre que le monde ne change pas. Ce mécanisme, parfois inconscient, est à l'œuvre quand nous nous demandons ce que nous jouons sans prêter attention à la cible.

## Savoir et jouer

Le problème quand on sait ce qu'on joue, c'est qu'en général, ça ne fonctionne pas. Nous aurons beau suer sang et eau, si nous savons ce que nous jouons, nous aurons toujours l'impression d'être morts. La difficulté étant que le monde réel nous laisse rarement « jouer » ou « faire » exactement ce que nous voulons. La vie est une longue improvisation. Juliette peut prévoir autant qu'elle voudra ce qu'elle veut jouer, les plans ne fonctionnent jamais parce que tous les plans sont tributaires du monde extérieur. Et la réalité est pleine de surprises.

Nous avons tous vécu l'échec criant du discours préparé : « *Oh oui ! Je vais lui dire exactement ce que je pense de lui. J'ai toute la liste en tête. Je vais commencer par x, et puis je parlerai de y et je finirai par z.* » Le moment venu, vous entrez dans le bureau, vous regardez votre interlocuteur droit dans les yeux et vous vous étonnez de l'inévitable. « *Ça ne s'est pas du tout passé comme je m'y attendais !* »

Ça n'est pas tant ce que vous ressentez intérieurement qui est différent, mais votre interlocuteur et la pièce où vous vous trouvez. Ces deux cibles particulières et concrètes ont subi d'horribles métamorphoses. Le bureau est différent. Sa voix est différente. Son visage est différent. Vos pensées sont différentes. Vos paroles vous paraissent atrocement différentes. Le discours répété s'envole et seules quelques phrases rescapées parviennent à sortir. « *Ça ne s'est pas passé du tout comme je l'imaginais !* » Plus les enjeux augmentent, moins les choses se passent comme prévu. Et le plus étonnant, c'est que nous continuons à être surpris que la réalité ne soit pas telle que nous l'avions imaginée.

## L'enfer sans cibles

« *Je ne sais pas ce que je joue* » a la même structure que les autres pattes de l'araignée. L'expression met l'acteur en danger car elle élimine son unique source d'énergie. Encore une fois, nous trouvons le mot « savoir » et deux fois le mot « je ». Notre précieuse attention tombe à nouveau dans le double piège de l'identité et du contrôle.

Jouer a l'air d'être un verbe sans cible. Avec un léger parfum d'égocentrisme. Sauf si on regarde un enfant jouer. L'enfant du bac à sable n'est pas centré sur lui-même, mais sur le seau et le sable. Que nous soyons distraits, rêveurs ou paranoïaques, nous réarrangeons toujours les événements selon nos fantasmes ; nous sommes toujours tournés vers une cible. « Jouer » ne peut avoir lieu que dans un certain contexte. L'idée que je puisse « savoir ce que je joue » sans savoir quelle personne ou quelle chose j'essaie de changer est complètement absurde. Essayer de « savoir ce que je joue » sans donner la primauté à la cible finira toujours par bloquer l'acteur.

Nous ne pouvons pas savoir ce que nous jouons tant que nous ne savons pas vers qui ou vers quoi nous jouons. Nous ne pouvons rien faire hors d'un contexte.

Seuls les fantasmes sont contrôlables.

## Règles

C'est toujours triste d'entendre un acteur dire « *Mais si elle joue ça, alors je peux pas jouer ça.* » La réponse est : « *Oui, tu as raison, mais tu peux peut-être jouer quelque chose de nouveau que tu n'avais pas prévu, quelque chose qui va surgir de cette nouvelle donne.* »

Bien sûr, tout est plus facile quand les relations de travail sont bonnes. Une telle ouverture peut intimider. La liberté corrompue n'est autre que l'anarchie.

Si l'acteur s'inquiète d'un gros changement qui survient sur scène, il aura peur et ne verra plus rien. Tout jeu a besoin de règles sinon l'indépendance étouffe la liberté. L'acteur a besoin d'être sûr de certains paramètres pour pouvoir être libre de voir. Par exemple, Irina doit savoir à l'avance où se trouve le balcon, mais elle n'a pas besoin de savoir précisément par où Roméo va entrer. Elle peut ou non avoir besoin de savoir où il se placera à certains moments. Mais si elle prévoit exactement comment elle va jouer chaque phrase, il y a de grandes chances pour qu'elle se bloque. Et si elle veut savoir ce que Roméo va jouer sur chaque réplique, elle se bloquera aussi – toute construction trop monumentale risque de s'effondrer et de l'écraser.

Irina a intérêt à se donner des règles, mais pas trop. Les règles doivent être juste assez nombreuses pour que dans l'action, tous les acteurs aient la force de voir des choses nouvelles. Cela demande une certaine confiance, mais aussi beaucoup de soin dans la pratique. Les répétitions bien menées doivent permettre de décider de ce qui peut être changé et de ce qui ne peut pas l'être. Il est plus prudent de définir à l'avance ce qui doit rester prévisible et ce qui peut être imprévisible.

La liberté totale est une merveilleuse idée mais nous ne vivons pas dans un monde idéal. En effet, si tout était imprévisible, nous aurions sûrement peur, or quand nous avons peur, nous nous raccrochons à tout ce qui nous est familier, même si ça ne sert à rien. Ironiquement, les spectacles excessivement déstructurés ont toujours l'air étrangement prévisibles. Il faut qu'il y ait de la structure, mais nous devons l'appréhender avec détachement, parce qu'un excès de construction donne lieu à une représentation sans vie. Parfois, les opposés se ressemblent – aucune structure et trop de structure peuvent aboutir au même résultat. L'anarchiste et le réactionnaire ont plus de points communs qu'ils ne veulent bien l'admettre.

La grande question est : « *À quel point ai-je besoin de structure ?* » Et la réponse est qu'il n'y a pas de réponse unique. Nous devons évaluer nos propres besoins et accepter qu'il y ait des jours où nous nous sentons plus confiants que d'autres. La confiance ne peut pas être fabriquée.

Nous ne pouvons pas nous forcer à avoir confiance comme nous ne pouvons pas nous forcer à être présents ou à pardonner. L'effort aggrave toujours le blocage. Il est donc destructeur d'insister : « *Sois ouvert !* » ou « *Sois présent !* » ou « *Aie confiance* ! » Au fond, nous devons comprendre que la confiance est comme la grâce. Nous ne pouvons pas demander ces bienfaits ; ils nous sont donnés gratuitement. Nous pouvons seulement choisir de les refuser, ce que nous faisons la plupart du temps.

Le plus important, c'est que le climat des répétitions soit bienveillant afin que la représentation paraisse dangereuse. Si le climat des répétitions a été dangereux, la représentation paraîtra affreusement sûre. La Peur nous rend toujours perdants.

## Structure et contrôle

Mettons qu'Irina décide que Juliette essaie de repousser les avances de Roméo. Même si elle s'est donné une cible, elle n'a alors qu'une seule chose à jouer – il n'y a pas d'évolution possible.

Laissons Irina oublier ce qu'elle joue et essayer plutôt de voir comment la cible se transforme. Par exemple, au début de la scène, Irina peut voir un Roméo qu'elle doit faire sortir du jardin et à la fin de la scène, un Roméo qui doit rester. Juliette commence peut-être par voir un violeur potentiel et finit par voir un enfant à materner. Elle voit d'abord un Roméo brillant, fort et profond puis à la fin, doute de ces qualités ou l'inverse.

Nous pouvons avoir des tas d'idées en répétition, des bonnes et des moins bonnes. Mais l'avantage des idées citées plus haut est qu'elles tracent des chemins. Elles donnent à Irina un trajet, du début à la fin de la scène et le voyage nous emmène d'une vision à une autre. Au cours des répétitions et des représentations, Irina abandonnera certains trajets pour d'autres chemins plus vivants, mais au moins, ce sont des voyages et non des états. Car si la scène n'évolue pas, ça n'est pas une scène. Même si Godot n'arrive jamais, Vladimir et Estragon évoluent. Et même Godot évolue – de leur point de vue.

Toute évolution est inévitable. La stase n'existe pas ; même les eaux stagnantes regorgent d'activité microscopique.


## Digression : la mort de la structure

La structure n'est que de la théorie morte, mais, comme toute institution, elle nous envie et aspire à vivre. Toute structure a tendance à vouloir étouffer la vie qui l'a créée, comme un robot rebelle. La structure a la mémoire courte et oublie toujours qu'elle est provisoire. Elle singe les vivants et veut qu'on ait besoin d'elle, mais elle est aussi peu vivante qu'un pansement et son contrat est temporaire.

Les structures comme celles évoquées pour Juliette peuvent servir de base aux répétitions. Mais le jeu sera plus libre si l'acteur, en toute confiance, accepte que ces édifices soient démontés. Si, petit à petit, ces décisions sont incorporées aux enjeux que Juliette voit, alors Irina verra dans son partenaire et tous les éléments extérieurs un ensemble mouvant, ambivalent et très précis de cibles. Un ensemble de cibles qui propulse, pousse, entraîne Irina dans un jeu libre et vivant.


## Accepter d'ignorer

Même Juliette ne peut pas vraiment dire ce que Juliette « joue ». Parce que quoi que nous croyions faire, nous faisons toujours autre chose en même temps. Non seulement nous ne pouvons jamais connaître parfaitement toutes les raisons qui nous poussent à agir, mais nous ne pouvons jamais non plus être sûrs du sens exact de ce que nous faisons. Le mot échappe à notre contrôle et pourtant nous nous servons des mots allégrement. Si nous nous arrêtions pour réfléchir à toutes les interprétations possibles de nos paroles, nous ne dirions jamais rien.

Je peux employer un mot en pensant véhiculer un certain sens et m'apercevoir que mon interlocuteur comprend tout autre chose. C'est évident. Ce qui est moins évident, c'est que je peux aussi employer un mot et ne pas me rendre compte qu'en l'employant, je dis aussi autre chose que ce que voulais dire.

Il est certain que Roméo ne comprend pas tout ce que Juliette dit. Mais Juliette ne comprend pas tout ce que dit Juliette non plus. Cette complexité apparente est très utile pour Irina. Car quand nous sommes sous pression, nous nous exprimons souvent mieux que d'habitude. Comme lors de l'accident de la route où notre présence se trouvait magnifiée, les enjeux grandissants peuvent libérer spontanément tout un vocabulaire, des images, des idées et des sentiments que nous ignorions renfermer. Comme nous l'avons vu, l'immensité cosmique « *aussi illimitée que la mer* » de Juliette peut surprendre Roméo. Mais elle peut aussi surprendre Juliette.

Nous ne pouvons pas connaître toute la signification de ce que nous disons ou faisons. Il y a beaucoup de choses que nous ignorons sur nous-mêmes. Nous ne connaîtrons jamais toutes les conséquences de nos actes. Nous ne serons jamais sûrs de l'histoire que nous racontons car là où il semble y avoir une seule histoire, il y en a en réalité toujours plusieurs. Pour devenir pleinement responsables, nous devons reconnaître notre ignorance.

Même quand il est parfaitement relié à la cible, tout plan rigoureux qui consiste à « *savoir ce que je joue* » est bon à jeter à la poubelle. Sinon, il risquerait de nous faire croire que nous savons très bien ce que nous faisons ou ce que le Temps fera de nous.

# 20. LE TEMPS

La Nature se transforme d'elle-même et le Temps est indestructible.

Nous ne pouvons pas contrôler le Temps. Il est l'allié de l'acteur parce qu'il donne lieu à la troisième règle qui est que la cible existe avant qu'on ait besoin d'elle. Le Temps œuvre en faveur d'Irina.

Le Temps nous joue des tours : ce n'est pas seulement un vieillard muni d'une faux, c'est aussi un Joker qui se venge en souriant jusqu'aux oreilles.

## La règle du temps

Au fur et à mesure que les enjeux augmentent, le temps disponible semble devenir de plus en plus court. En d'autres termes, plus nous avons à perdre ou à gagner, moins nous avons de temps.

Dans le travail invisible, l'acteur devrait toujours avoir suffisamment de temps. Dans le travail visible, le personnage ne devrait jamais avoir assez de temps. L'acteur doit maintenir une séparation nette entre ces deux rythmes. L'acteur patient prend son temps dans le travail invisible alors que les enjeux galopants cravachent le Temps et le font cavaler hors de portée du personnage. Le personnage essaie toujours de garder la situation en main et échoue immanquablement. Même Winnie, enterrée dans *Oh les beaux jours*, a du mal à garder le fil des pensées qui se bousculent dans sa tête ; ses membres sont entravés, mais son imagination va bon train. L'histoire que ses membres racontent s'efface devant la succession éblouissante de souvenirs et de découvertes qu'elle traverse. Hamlet peut sembler immobile sur scène, mais l'histoire qu'il raconte avance à toute allure, ses yeux voient défiler toute une série d'issues tragiques tandis que l'avenir le mitraille comme un avion de guerre.

« *Mourir.., dormir,*
*dormir ! peut-être rêver ! Oui, là est l'embarras.* »

Mais intéressons-nous plutôt à un fragment où Juliette semble souffrir d'avoir trop de temps :

« *Retournez au galop, coursiers aux pieds de flamme,*
*vers le logis de Phébus ; déjà un cocher*
*comme Phaéton vous aurait lancés dans l'ouest*
*et aurait ramené la nuit nébuleuse…*
*Étends ton épais rideau, nuit vouée à l'amour,*
*que les yeux de la rumeur se ferment et que Roméo*
*bondisse dans mes bras, ignoré, inaperçu !*
*Pour accomplir leurs amoureux devoirs,*
*les amants y voient assez à la seule lueur*
*de leur beauté ; et, si l'amour est aveugle,*

*il s'accorde d'autant mieux avec la nuit…*
*Viens, nuit solennelle, matrone au sobre vêtement noir,*
*apprends-moi à perdre, en la gagnant, cette partie*
*qui aura pour enjeux deux virginités sans tache ;*
*cache le sang hagard qui se débat dans mes joues,*
*avec ton noir chaperon, jusqu'à ce que le timide amour*
*devenu plus hardi, ne voie plus que chasteté dans l'acte de l'amour !*
*À moi, nuit ! Viens, Roméo, viens : tu feras le jour de la nuit,*
*quand tu arriveras sur les ailes de la nuit,*
*plus éclatant que la neige nouvelle sur le dos du corbeau.*
*Viens, amoureuse nuit ; viens, chère nuit au front noir*
*donne-moi mon Roméo, et, quand je mourrai,*
*prends-le et coupe le en petites étoiles,*
*et il rendra la face du ciel si splendide*
*que tout l'univers sera amoureux de la nuit*
*et refusera son culte à l'aveuglant soleil…*
*Oh ! j'ai acheté un domaine d'amour*
*mais je n'en ai pas pris possession, et celui qui m'a acquise*
*n'a pas encore joui de moi. Fastidieuse journée,*
*lente comme la nuit l'est, à la veille d'une fête,*
*pour l'impatiente enfant qui a une robe neuve*
*et ne peut la mettre encore ! Oh ! voici ma nourrice… »*

S'agit-il là d'une exception ? Le personnage a-t-il trop de temps ? La situation paraît claire : Juliette est impatiente. Mais revenons aux fondamentaux. Nous savons maintenant que les adjectifs n'apportent rien à Irina. Si Irina essaie d'être impatiente, elle se bloquera. Que joue Irina ? La passion ? La frustration ? Non, comme les adjectifs, les émotions ne peuvent pas être jouées car elles sont exprimées sans cible.

Irina sera plus libre si elle se demande : « *Qu'ai-je à perdre et à gagner dans ce moment précis ?* » Pour voir ce que Juliette a à perdre et à gagner, Irina doit démonter les cibles et contempler leur dualité. Que Juliette peut-elle voir en premier ? Laissons Irina examiner les détails du texte :

« *Retournez au galop, coursiers aux pieds de flamme,
vers le logis de Phébus ; »*

Juliette doit donc s'adresser au « *coursiers aux pieds de flamme* ». Juliette gronde les chevaux du soleil. Que peuvent-ils faire de bien et que peuvent-ils faire de mal ? Peut-être veut-elle dire : « *Vous allez vous dépêcher de finir votre travail et d'achever cette journée ? Ou bien allez-vous continuer à traîner et à me tenir loin de mon Roméo ?* »

Juliette veut que la nuit arrive et les images défilent sous ses yeux. N'importe quelles images ? Phébus est le dieu du soleil qui conduit son char d'est en ouest à travers le ciel avant de se coucher pour céder la place à la nuit. Juliette veut que la journée se termine et supplie les chevaux de se dépêcher. Très bien. Mais Juliette ne mentionne pas seulement Phébus, le seul « *cocher* » qui ait le droit de conduire les chevaux du soleil. Elle cite aussi son fils, Phaéton, qui a pris le contrôle du char à l'aube d'un jour fatidique que la terre n'oubliera jamais. En dépit des avertissements de son père, Phaéton a insisté pour conduire le char tout seul. Comme il manquait d'expérience, les chevaux se sont emballés, ils ont dégringolés du ciel et la boule de feu a enflammé de vastes portions de la terre. Phaéton a été tué et la catastrophe écologique a transformé des forêts en déserts arides à jamais. Il est peu probable que Juliette se souvienne de toutes les nuances et subtilités de l'image avant de l'articuler. Elle surgit d'un coup, comme un lapsus. Ce n'est pas seulement le char qui s'emballe, l'imagerie de Juliette aussi. Et comme par hasard, elle convoque un autre enfant désobéissant qui paya cher son imprudence.

« *Mais pourquoi dire ça maintenant ?* » est une question souvent pertinente. Pourquoi Juliette cite-t-elle Phaéton précisément à ce moment-là ? L'évocation de son suicide chaotique et accidentel sous-entend que quelque part, Juliette sent que sa nuit d'amour avec Roméo, ce « *rapprochement* » est encore « *trop brusque, trop imprévu, trop subit* ». Juliette sait peut-être qu'elle court tout droit vers le chaos, la mort, la stérilité. Et elle ne veut pas voir ces issues. Elle en a assez de savoir et de voir des choses qui lui donnent mal à la tête. Elle veut se défaire de son savoir et de sa vision. Elle veut coucher avec Roméo et tant pis pour les conséquences.

Juliette, comme de nombreux personnages de Shakespeare, se fait du mal à force de parler. Le fringuant Phaéton était censé lui remonter le moral, mais l'image est désastreuse ; aucune comparaison n'aurait pu être plus déprimante et plus à-propos pour Juliette que la chute fatale de Phaéton. Avant que sa résolution chancelle, Juliette abandonne Phaéton et retourne à sa vieille tante rassurante, la Nuit.

La Nuit devrait être plus réconfortante ; la Nuit est respectable, elle porte un « *sobre vêtement* ». Plus vieille et plus sage, elle ne prendrait aucune initiative impulsive ou destructrice. La Nuit ne commettrait aucun acte horrible, n'est-ce pas ? La Nuit maintiendra mon imagination au calme, en paix, en sécurité, n'est-ce pas ?

D'abord, la Nuit est agréablement vague, ou « *nébuleuse* ». Et puis, quand elle arrive, elle prend une couleur plus nette : le noir. Juliette cite ce détail deux fois. De qui la Nuit porte-t-elle le deuil ? Juliette tente d'alléger cette image lugubre en convoquant le brillant, le vivant Roméo :

*« À moi, nuit ! Viens, Roméo, viens : tu feras le jour de la nuit,*
*quand tu arriveras sur les ailes de la nuit,*
*plus éclatant que la neige nouvelle sur le dos du corbeau. »*

Roméo est étalé sur les ailes de la Nuit, non pas comme un corps de chair chaud, mais comme de la neige froide. Si Roméo est blanc, il doit être nu. Si Roméo est blanc, il doit être un cadavre. Le Sexe ne vient pas seul, la Mort l'accompagne pour former un étrange ménage à trois sous les draps. Même la matrone Nuit s'est métamorphosée ; maintenant elle bat des ailes comme un corbeau, présage maléfique tel celui qui croasse sans cesse aux oreilles de Lady Macbeth.

On peut penser que Juliette a du temps à tuer, mais le Temps se venge. C'est le Temps qui tient les commandes, pas Juliette. Juliette a beau avoir du temps à tuer, les enjeux importants font toujours galoper l'imagination. Juliette croit peut-être convoquer des images les unes après les autres pour occuper ses longues heures d'ennui. Mais plus elle a le temps de penser, plus elle comprend le danger de la situation et plus sa résolution flanche. Plus sa résolution flanche, plus elle a besoin de temps pour la renforcer. Elle court alors après le temps pour essayer de trouver des images qui ravivent sa confiance chancelante.

Les images sont des cibles : elles vivent indépendamment de nous. Donc toutes les images, de l'éblouissant Phaéton à la Nuit terne en habit de deuil, ont une vie bien à elles. Que nous le voulions ou non, Juliette doit faire face à l'ambivalence des images qu'elle libère. Sont-elles de son côté ou non ? Juliette pensait pouvoir contrôler l'image de Phaéton. Pourtant, l'image ne surgit pas seule. L'histoire de Phaéton, comme toutes les histoires, est ambivalente. Ses significations sont multiples. Une fois libérées, les images sont autonomes, comme les mots que nous regrettons d'avoir employés. Ici, cependant, Juliette a beau insister sur son désir de sexe, d'amour et de vie, ses images renvoient aussi au chaos, à la destruction et à la mort.

## La description n'a jamais lieu

« *Viens, gentille nuit ; viens, amoureuse nuit au front noir* »

« *Gentille* », « *amoureuse* » et « *au front noir* » sont des descriptions. Mais un principe utile pour l'acteur est que la description totale n'existe pas. Tout ce qui ressemble à une description passive est en réalité une tentative active visant à modifier une perception. Juliette a l'air de décrire la Nuit. Selon elle, la Nuit possède trois attributs : elle est gentille, elle est amoureuse et elle a le front noir. En quoi ces termes peuvent-ils changer nos perceptions ? Comme toujours, Irina doit trouver une cible. En toute logique, il doit s'agir de la Nuit elle-même. Quels changements Juliette espère-t-elle apporter à la Nuit ? Dit-elle : « *Je sais que tu as le front noir, mais peux-tu s'il te plaît aussi essayer d'être gentille et amoureuse ?* » Car Juliette ne sait pas comment la Nuit va se comporter. Pour elle, l'enjeu est donc de savoir si la Nuit va se montrer gentille ou féroce… amoureuse… ou l'inverse. La Nuit doit s'apprêter à dire ou à faire quelque chose qui nécessite que Juliette l'apaise et l'encourage à se montrer gentille et amoureuse.

Juliette commet encore un lapsus quand elle demande :

*Donne-moi mon Roméo, et, quand je mourrai,*
*prends-le et coupe-le en petites étoiles,*

Il aurait été plus logique de dire : « *Quand je mourrai, prends-moi et coupe-moi* » ou « *Quand il mourra, prends-le et coupe-le* », mais Juliette ne sait plus bien où elle s'arrête et où commence Roméo. Elle dit donc : « *Quand je mourrai, prends-le et coupe-le* ». Quand elle mourra, il se métamorphosera, à l'inverse des récits d'Ovide qu'elle connaît si bien. Juliette n'arrive pas à tenir la mort à l'écart des festivités de la nuit. Elle veut que Roméo vienne non seulement pour faire l'amour avec lui, mais aussi pour chasser ces réflexions complexes et sombres. S'il ne vient pas rapidement, ces idées noires l'engloutiront. Elle lutte contre son imagination débordante en affirmant ne vouloir qu'une chose : consommer son amour pour Roméo. Elle essaie de simplifier la situation pour ne pas voir l'ambivalence de ce qui est réellement en train de se passer.

*« ... et celui qui m'a acquise*
*n'a pas encore joui de moi. Fastidieuse journée,*
*lente comme la nuit l'est, à la veille d'une fête,*
*pour l'impatiente enfant qui a une robe neuve*
*et ne peut la mettre encore ! »*

La témérité de son désir ne coïncide pas avec l'image tendre et nostalgique de l'enfant. Peut-être que, comme Lady Macbeth, Juliette « *ne sent plus dans l'instant que l'avenir* » et regrette déjà la fin de son innocence. À quatorze ans, elle a hâte d'enfiler ses nouveaux habits d'adulte. La Nuit funeste s'immisce encore une fois dans son imaginaire pour lui montrer un enfant aux yeux grands ouverts, seul dans le noir, incapable de trouver le sommeil.

## Juliette parle des enjeux

*« … Apprends-moi à perdre, en la gagnant, cette partie*
*qui aura pour enjeux deux virginités sans tache »*

« *Cette partie* » fait directement référence aux enjeux. Pas seulement une virginité, mais deux, la sienne et celle de Roméo (Faut-il voir dans sa présomption à l'égard de Roméo un rare accès de naïveté de sa part ?) Donc le prix, la meilleure issue possible, est que quelqu'un remporte les deux virginités « *sans tache* ». Mais s'il y a tant à gagner, qu'y a-t-il à perdre ? Notons au passage que Juliette ne cite que ce qu'il y a à gagner. Gagner est la seule possibilité. Donc bien qu'il y ait une partie à disputer, perdre est impossible puisqu'elle-même avoue avoir envie de perdre. Cela veut-il dire que pour Juliette, perdre sa virginité revient à gagner ? Elle essaie de raisonner « en un ». Elle croit pouvoir jouer à un jeu où on gagne à tous les coups. Or c'est impossible. L'autre versant que l'acteur connaît bien, le « *ou non* » a été coupé. Ce qu'elle a à perdre a été emporté dans le noir avec Phaéton. Juliette argumente avec l'assurance de celui qui doute.

Bien qu'elle ait commencé par supplier les coursiers de galoper plus vite, comme si elle était déterminée et lassée d'attendre, au fond, ça n'est pas tout ce qu'elle ressent, voit et désire.

Juliette ne se contente pas de passer le temps en suppliant Roméo d'arriver. Le Temps fait jaillir des images effrayantes. Juliette court pour devancer et retenir ces images subversives avant qu'elles n'échappent. Et elle n'a pas assez de temps pour les rattraper toutes. Juliette a besoin de plus de temps.

Le brillant texte de Shakespeare montre bien que le Temps incite les pensées de Juliette à la rébellion et à la fuite et qu'elle doit courir pour les rattraper et les renfermer. Juliette a évidemment envie de faire l'amour avec Roméo, mais en même temps, elle n'en a pas envie. Elle parle seulement de son désir, mais sa peur est implicite.

## Une mauvaise réécriture

Que se passerait-il si Irina n'avait pas la superbe matrice de l'imagerie shakespearienne pour la guider vers la part cachée de Juliette ? Que se passerait-il si Irina jouait une réécriture de Shakespeare d'où tout le côté sombre avait été censuré ? Irina devrait alors quand même être capable de deviner les sentiments cachés de Juliette. Même avec un texte réécrit et faible qui dirait seulement :

« *Je veux coucher avec lui. Je veux coucher avec lui. Je veux coucher avec lui. Je veux coucher avec lui.* »

Irina devrait pouvoir nous faire entrevoir l'autre côté. Car plus nous insistons sur un point, plus nous laissons entendre que le contraire existe. Même ce texte banal est forcément une réaction. Il sous-entend en même temps, qu'au fond : « *Je ne veux pas coucher avec lui. Je ne veux pas coucher avec lui. Je ne veux pas coucher avec lui. Je ne veux pas coucher avec lui.* »
Juliette veut des choses contraires. Comme le chante Zerlina dans *Don Giovanni* : « *Vorrei e non vorrei !* » (« *Je veux et je ne veux*

*pas !* »). Juliette est tiraillée entre des émotions contradictoires, elle ne ressent pas qu'une seule chose à la fois.

## Digression : Temps et changement

Juliette n'est jamais satisfaite du Temps. Soit elle voudrait qu'il aille plus vite... « *Retournez au galop* ». Soit elle voudrait qu'il s'arrête... « *Veux-tu donc partir ? Le jour n'est pas proche encore : c'était le rossignol et non l'alouette...* » Irina peut utiliser le fait que le Temps n'est jamais du côté de Juliette. Mais Irina doit comprendre que si elle n'obéit pas au Temps, elle deviendra aussi sa victime. Irina reconnaît l'ascendant du Temps en refusant de laisser la Peur la conduire dans le passé et l'avenir. D'un autre côté, la Peur de Juliette l'entraîne souvent dans ces deux directions.

Le Temps est l'ami de l'acteur et l'ennemi du personnage ; mieux vaut accepter cette réalité, même dans les répétitions les plus courtes. Le présent nous réveille. Quand un accident de la route renforce notre présence, le temps semble ralentir. Mais quand le découragement nous envahit, le Temps a l'air de s'arrêter. Le Temps meurt. Bien sûr, c'est une illusion, le Temps ne peut pas s'arrêter. Pour nous tous, le Temps ne mourra jamais.

Irina doit faire du Temps son allié. Le Temps est une vague immense sur laquelle nous pouvons surfer – ou que nous pouvons laisser passer, à nos risques et périls.

Plus nous acceptons l'ascendant du Temps et décidons de vivre uniquement dans le présent, moins nous risquons d'être bloqués. Au contraire, plus nous voulons être indépendants du Temps et nous réfugier dans le passé ou l'avenir, plus nous risquons d'être bloqués. Et nous restons alors figés jusqu'à ce que nous acceptions d'obéir aux commandements du Temps et de reconnaître que nous n'existons que dans le présent.

# 21. TROIS AUTRES CHOIX INCONFORTABLES

Irina doit encore faire face à trois choix inconfortables

## Le cinquième choix inconfortable : créativité ou curiosité

Renoncer à la créativité semble être une hérésie pour l'artiste. Pourtant, essayer d'être créatif est catastrophique. La créativité consciente s'apparente à la concentration. La curiosité est plus libératrice ; la curiosité a trait à l'attention et à la cible. Essayer d'être créatif a pour conséquence fâcheuse de nous renvoyer à la maison.

Bien sûr, tous les humains sont créatifs, mais notre créativité est un symptôme et non une cause. Nous ne contrôlons pas notre propre créativité, de même que nous ne contrôlons pas nos sentiments. Par contre, nous contrôlons ce que nous faisons.

# Le sixième choix inconfortable : originalité ou unicité

L'originalité est un autre attribut que nous croyons contrôler. Pourtant, l'originalité n'est pas une cause de la vie : seulement un de ses nombreux symptômes. D'une certaine façon, notre créativité et notre originalité ne sont pas nos affaires. Irina est unique. Irina est irremplaçable.  Personne ne peut jouer Juliette comme Irina parce que personne ne peut voir comme Irina. Quand Irina voit à travers les yeux de Juliette, c'est au moyen d'une paire unique d'yeux de Juliette. Chaque acteur voit un même personnage à travers une paire d'yeux différente parce que chaque acteur est un être singulier. De plus, à chaque fois qu'Irina joue son rôle, Juliette sera légèrement différente. Chacun de nous peut voir une infinité de choses différentes ; et ces infinités sont infiniment différentes les unes des autres. Un coup d'œil vers le ciel par une nuit claire suffit à rendre cette notion moins aberrante.

D'un autre côté, si Irina essaie de créer une Juliette originale, une Juliette qui rompe avec la tradition, elle se bloquera. Tenter de créer quelque chose d'original est toujours voué à l'échec. Parce qu'à chaque fois que nous essayons d'être originaux, nous finissons par ressembler à tous ceux qui essaient d'être originaux. Notre travail est mort dans l'œuf, or tout ce qui se décompose finit par se ressembler.

Le fait que nous voulions être originaux prouve que nous avons perdu confiance en notre caractère unique. Peut-être avons-nous peur que notre unicité ne soit pas là quand nous aurons besoin d'elle ou pire, que notre différence nous rende inférieurs. Chez les jeunes surtout, l'uniformité peut sembler rassurante. Mais l'uniformité est impossible. L'uniformité n'est qu'un idéal et qui plus est, un idéal dangereux. Mais nous n'avons pas à en avoir peur parce qu'elle n'a jamais existé. Comme l'attention et la présence, l'unicité nous est donnée, elle doit être acceptée et ne peut être contrôlée. Comme tout ce qui échappe à notre contrôle, nous nous méfions de l'unicité simplement parce que nous avons peur qu'elle nous lâche. Donc nous inventons des substituts imaginaires, des poupées synthétiques qui deviennent nos créatures à nous. Bonjour l'originalité, adieu l'unicité.

Si Irina voit la cible, précisément et ouvertement, et qu'elle accepte que tout ce qu'elle voit peut aller vers le bien ou vers le mal, elle révélera une Juliette totalement unique. Alors que si Irina décide de créer une Juliette originale, elle créera un être qui ne peut pas respirer, or comme nous venons de le voir, tout ce qui est mort finit par se ressembler. La vraie conformité démarre quand nous commençons à pourrir.

Par conséquent, toute pression exercée sur Irina pour qu'elle crée quelque chose de « nouveau » aura des effets dévastateurs. Plus nous nous efforçons d'être originaux, plus nous gommons ce qui nous rend uniques. Plus nous essayons de faire du « nouveau », plus nous devenons répétitifs et réactionnaires. Nous sommes nouveaux. Nous ne pouvons pas être autrement. Nous n'avons pas à essayer d'être quoi que ce soit. Nous ne pouvons rien être par un effort de volonté. La création nous renouvelle, nous et notre environnement, à chaque seconde, que nous le voulions ou non. La nouveauté nous arrive sans nous demander la permission.

Bien que nous n'ayons aucun contrôle, nous nous complaisons dans l'illusion que nous en avons et nous essayons de singer la création. Nous aussi, nous allons fabriquer des choses nouvelles. Notre vanité n'est pas de l'arrogance, mais de la peur.

## J'ai déjà vu ça avant

Si Irina entend : « *J'ai déjà vu ça avant !* » elle ferait mieux de s'intéresser à celui qui critique plutôt qu'à la critique. « *J'ai déjà vu ça avant !* » en dit plus long sur l'observateur que sur la personne observée. Quand le « je » ne voit plus très bien, tout paraît uniforme. Parfois, tout commence réellement à se ressembler, mais ça n'est pas la faute du « tout ». Plus nous mourons à l'intérieur, plus nous voyons la mort à l'extérieur, et la mort, qui déteste le particulier, veut toujours homogénéiser.

Le problème ne vient pas du monde extérieur qui, même s'il le voulait, ne pourrait jamais être complètement homogène. Le problème vient du contrôle, de ce que nous nous autorisons ou non à voir. Si nous avons l'impression que « *nous avons déjà vu ça avant* », nous ferions bien de nous surprendre, de nous prendre au dépourvu. Alors, nous verrons que le problème ne réside pas à l'extérieur, mais à l'intérieur de nous. Nous avons perdu notre curiosité. Le manque de curiosité est symptomatique d'un suicide caché ; la seule preuve médico-légale n'est pas un flacon vide, mais un besoin perpétuel de « nouveauté ».

Tout ce qui vit est toujours nouveau. Les humains dépendent de cette nouveauté. Nous faisons partie intégrante d'une création perpétuellement renouvelée. Le nouveau est déjà là, nous ne pouvons pas le créer.

Si Irina a l'impression qu'elle doit proposer quelque chose de nouveau au metteur en scène, aux spectateurs, à ses partenaires ou à elle-même, elle fabriquera un jeu mort. Ironiquement, le jeu mort-né semblera familier à tout le monde, y compris à Irina. Si Irina voit à travers les yeux de Juliette ce que Juliette doit voir, la propre unicité d'Irina, parfois dissimulée mais indestructible, illuminera les moindres parcelles de son jeu. Tout ce qu'Irina voit est nouveau. Tout ce qu'Irina tente de fabriquer de nouveau est aussi vieux que la mort elle-même.

# Le septième choix inconfortable : la stimulation ou la vie

Si Irina a peur que son jeu soit mort, il faut qu'elle retourne à la cible. La cible est la source de toute son énergie. Essayer de stimuler elle-même la vie serait une erreur fatale.

Nos imaginations nous relient au monde extérieur. Quand nous craignons de dépendre d'une création imprévisible, nous avons recours à des stimulants qui imitent la vie. La vie survient et nous en faisons partie. La vie survient quand bon lui semble. Mais nous n'aimons pas la vie autant que nous le pensons parce qu'elle peut nous lâcher à tout moment. Donc encore une fois, nous inventons des substituts plus dociles.

Et nous fabriquons des stimulants. La stimulation est quelque chose que nous pouvons nous prodiguer à nous-mêmes. Nous pouvons nous fournir en stimulants nous-mêmes. Nous ne dépendons de personne. Les stimulants sont des médicaments que nous nous prescrivons à nous-mêmes. Pourtant, parfois, la vie est stimulante. Si Irina voit quelque chose de profondément vivant surgir en répétition ou en représentation, elle débordera de vie et le résultat sera saisissant. Mais comme nous l'avons vu, le lendemain, quand elle essaiera de retrouver cet état, il aura disparu. Parce que ce qui s'est produit n'était pas un état, c'était une relation, une direction. Tout état meurt et pourrit rapidement.

Si Irina pense qu'elle doit faire un choix stimulant, elle se bloquera à tous les coups. La recherche du nouveau et du stimulant nous coupe de la vie. Quand nous nous jetons à corps perdu dans des expériences, pressés d'atteindre cette insaisissable euphorie, nous avons l'impression que la ruée est provoquée par le monde extérieur. Or cette ruée  nous pousse à chercher à l'extérieur ce dont nous avons peur de manquer à l'intérieur. La ruée vers le nouveau et le stimulant a des liens secrets avec la mafia de la haine de soi.

Cette sensation de course effrénée produit un étrange effet. D'un coup,  dans la bousculade, nous nous mettons à ressembler à tout le monde ; notre unicité est piétinée sous des sabots aveugles. Nous sommes différents et uniques dans nos enthousiasmes et nos générosités, mais nous suivons tous la même ligne de conduite quand nous nous plaignons que : « *Nous avons déjà vu ça avant !* ». La chasse au stimulant et au nouveau fait de nous tous des réactionnaires. Voir est suffisamment vivant.

## Digression : la spontanéité

Le jeu qui n'a pas l'air spontané a l'air mort ; même le maître du théâtre Nô doit d'une certaine façon avoir l'air spontané. Mais « spontané » n'est pas le mot-clé, le mot-clé est « avoir l'air ». Il est fondamental que l'acteur soit présent, mais la présence totale est sans doute un idéal inatteignable. La présence est un des nombreux dons que nous ne pouvons ni fabriquer ni acquérir. Le Salieri de Pouchkine s'indigne que Mozart n'ait rien fait pour avoir du génie. Nous ne pouvons pas acquérir nos dons, mais nous pouvons apprendre à ne pas leur claquer la porte au nez.

La « spontanéité » semble liée à la présence : « *Si je suis présent, je réagirai dans l'instant et donc je serai spontané.* » Si elle est bloquée, il est certain qu'Irina ne se sentira pas du tout spontanée. Cela dit, il existe peu d'indications plus paralysantes que « *Sois spontanée !* » quoique « *Arrête de te regarder* » ne soit pas mal non plus.

Il peut être rassurant pour Irina de se rappeler qu'aussi présents que nous soyons, aucun de nous n'est jamais consciemment spontané. À partir du moment où une réaction est consciente, elle ne peut pas être spontanée. La véritable présence a peut-être été donnée à un être humain, qui sait ? Mais la spontanéité parfaitement consciente, jamais. Le psychopathe saute rarement par-dessus la barre pour étrangler le juge et s'il le fait, il prend une décision. En général, les humains ne perdent pas leur sang froid face à plus puissant qu'eux. Il est étonnant de constater avec quelle spontanéité nous sommes capables de crier sur un être tout petit, de l'autre côté du pare-brise, et avec quelle spontanéité nous perdons cette spontanéité quand un colosse de deux mètres sort soudain de sa voiture. Quand un être agressif vacille, sa violence « spontanée » se fige instantanément en une circonspection avisée parfaitement maîtrisée. Nous déployons parfois des mécanismes de contrôle d'une sophistication étonnante.

Mais que se passe-t-il réellement quand nous perdons notre sang froid ? Une affirmation trop souvent dénigrée qui peut être utile à l'acteur est que si nous perdons notre sang froid, c'est que nous avons décidé de le perdre. Cela semble contredire tout ce que nous avons dit au sujet de la cible : « *Je ne décide rien, c'est la cible qui m'oblige.* » Cela dit, l'expression « perdre son sang froid » mérite d'être analysée. Le « sang froid» est synonyme de tempérance, d'humeur constante. Nous ne pouvons pas contrôler l'ampleur des émotions qui nous submergent subitement, mais nous pouvons décider quoi faire dans les limites imposées par les circonstances données. L'expression sous-entend qu'il y a une perte de contrôle. Or il y a toujours quelque chose d'actif dans la perte.

## La perte active

Même quand la perte est synonyme de deuil, elle renferme un élément actif. Perdre un ami suite à une mort brutale paraît totalement inactif. « *Je ne voulais pas qu'il meure* ». Mais nous devons voir cette perte sinon nous vivons dans le déni. Voir est actif (tout comme le déni). Le deuil et le chagrin exigent l'acceptation de la perte, un lâcher prise, qui ont des dimensions actives. Nous devons faire quelque chose pour dire adieu.

Même les gens plus impulsifs laissent une nanoseconde entre le moment où ils entendent l'insulte et le moment où le coup de poing part. Lors d'une arrestation, les suspects ne résistent que s'ils sentent qu'ils sont une chance de s'échapper. Quand nous voyons un homme se débattre au milieu de dix policiers, c'est rarement parce qu'il est optimiste, plutôt parce qu'il essaie de se protéger des coups.

En général, nous ne prenons pas de risques inconsidérés et nous choisissons les batailles que nous menons. L'individu auto-destructeur qui se bat et se dispute avec tout le monde, le vantard qui, comme dirait mon père, possède son propre cimetière secret, constitue-t-il une exception ? Même cet individu a dû, à un moment donné, passer un accord avec lui-même et décider de se quereller sans cesse, d'être seul et donc jamais déçu. Cet individu croit obtenir ce qu'il veut. En dépit de sa fureur, il calcule son coup.

# Le calcul

Le calcul n'est peut-être pas très séduisant, mais tout le monde calcule. Le calcul du bébé pour obtenir de la nourriture ou de l'attention fascine le jeune parent. Nous inventons les concepts d'innocence, d'emportement et de spontanéité parce que la conspiration nous fait honte. Nous n'aimons pas que « *la conscience [fasse] de nous tous des lâches.* »

Il est réconfortant de se rappeler qu'un tempérament incontrôlé et impétueux dissimule souvent un excès de contrôle. Un acteur connu pour sa consommation excessive de cocaïne et les déboires qui en résultaient a été surpris la nuit sur scène en train de mesurer à la règle la distance entre le cendrier et l'étui à cigarettes.

La spontanéité ne se manifeste pas là où on l'attend. Que se passe-t-il quand je perds mon sang froid ? Je vois quelque chose qui me met hors de moi et je décide d'agir. Le processus peut être si rapide que j'en suis à peine conscient. Je peux décider de lécher mes blessures ou de rentrer dans le lard de mon agresseur. Pour résumer, je décide de perdre ou non mon sang froid. Je peux décider inconsciemment, en une fraction de seconde, de me défouler « spontanément » sur la personne et tant pis pour les conséquences. L'adrénaline de la rage bat dans mes tempes, mais inconsciemment et à la vitesse de l'éclair, je prends le contrôle et décide ou non de libérer cette énergie « incontrôlable ».

Voici une note mystérieuse que plusieurs acteurs ont trouvée utile : « *Vous voyez quelque chose et ensuite vous faites autre chose.* » Bien sûr, cette autre chose doit aussi être vue !

Nous ne faisons pas ce que nous voyons. Nous voyons quelque chose et ensuite, nous faisons quelque chose qui résulte de ce que nous voyons. Bien sûr, toute pensée est une cible. Toute pensée est une nouvelle chose vue.


## Digression : esthétique et anesthésiants

Nous avons recours aux anesthésiants pour nous débarrasser de la douleur. Et dans une certaine mesure, ils fonctionnent. Ils effacent la sensation de la douleur. Mais les anesthésiants ne retirent pas la cause de la douleur et la douleur est importante parce qu'elle nous signale que quelque chose ne va pas. Si le feu ne faisait pas mal, nombre d'entre nous n'auraient plus de doigts et ne remercieraient pas celui qui aurait badigeonné nos minuscules mains d'antidouleur. L'anesthésiant n'efface pas le danger du feu, seulement le symptôme le plus utile de la brûlure.

La civilisation est un merveilleux fabricant d'anesthésiants. Pourtant, les causes des douleurs n'ont fondamentalement pas changé depuis l'apparition de l'espèce humaine : nous tombons malades, nous nous sentons seuls, nous avons faim, nous avons froid, nous sommes tristes, nous ne nous sentons pas désirés, nous ne nous sentons pas aimés, nous nous sentons abandonnés, nous nous sentons ignorés, nous nous sentons insignifiants et même si nous nous savons mortels, nous n'avons pas envie de mourir.

Si le luxe de la vie moderne ne suffit pas à nous calfeutrer, nous pouvons éviter ces sensations indésirables en bidouillant les circuits. Nous réorientons notre imagination de sorte qu'au lieu d'être connectée à la réalité, elle nous coupe du monde réel. L'imagination se reconvertit dans le fantasme et s'arrange pour que nous ne reconnaissions plus la douleur que nous ressentons réellement.

Le mot « esthétique » vient de la racine grecque qui désigne « ce qui est perçu par les sens », en d'autres termes, « les cibles ». Étymologiquement, l'anesthésiant serait donc « sans cible ». Nous dépensons beaucoup de temps et d'argent à nous rassurer au moyen d'anesthésiants de toutes sortes. Une des raisons principales qui nous poussent au théâtre est pour y voir des situations où les anesthésiants ne fonctionnent pas très bien. Une des similitudes entre la tragédie et la comédie est que les deux formes montrent ce qui se passe quand les effets des anesthésiants se dissipent.

La civilisation essaie toujours de contrôler nos perceptions et comme nous tous, Irina est plus ou moins anesthésiée pour le restant de ses jours. Mais les personnages qu'elle joue voient peut-être beaucoup plus de choses que nous. Nous avons désespérément besoin qu'Irina voie, même brièvement, un monde plus réel où la joie et la douleur sont ressenties pour ce qu'elles sont.

# POSTFACE

Quand nous faisons du théâtre, nous racontons des histoires. Nous racontons toujours une histoire différente ; les mythes antiques changent à chaque fois que nous les entendons. Même si nous répétons exactement les mêmes mots et les mêmes intonations, comme le barde irlandais avec sa harpe, chaque récit relate avec de très légères variantes les hauts faits des héros. Les histoires changent parce que les conteurs et les auditeurs changent ; le Temps change. Raconter une histoire est une chose, définir ce que cette histoire signifie en est une autre. Quand nous essayons de contrôler toutes les significations d'une histoire, nous échouons immanquablement. Une publicité pour un homme politique peut aisément nous convaincre de ne pas voter pour son sourire palot. La manipulation peut produire le contraire des effets escomptés.

L'art ne fait jamais ce qu'on lui demande. La basilique Saint-Pierre de Rome était censée affirmer la puissance de la contre-réforme, mais le monument produit aussi l'effet inverse. Plus l'édifice proclame sa détermination, plus il révèle les insécurités et les doutes. Tout ce que nous produisons est ambivalent. Et nous dissimulons cette ambivalence à l'aide du sentimentalisme.

Considérer quelque chose avec sentimentalisme, c'est prétendre qu'elle n'a qu'une signification. Le sentimentalisme tente de séparer les bons des méchants et d'effacer l'ambivalence désordonnée de la vie. Avides de certitude, nous fuyons l'ambiguïté, ce qui nous rend sentimentaux. Les valses viennoises nous rappellent l'insouciance de la vie, mais quand nous nous souvenons du contexte, ces cordes endiablées prennent une résonance lugubre.

## Un vaisseau

Dresser la liste de ce que veut le personnage peut apporter une structure provisoire au début des répétitions, mais ces structures nous bloquerons si nous ne les abandonnons pas assez tôt. On peut voir ces structures premières comme les échafaudages des chantiers navals. Au début, on arrive à se faire une idée du bateau, puis l'échafaudage paraît plus grand que l'idée. Bientôt des hommes minuscules tapent avec leurs marteaux à l'intérieur de l'immense berceau. Des boulons et des plaques métalliques sont fixés à la structure et finissent par trouver leur place dans le tout. Des treuils et des poulies se balancent le long de l'armature ; les charpentiers montent et descendent. Peu à peu, des poutrelles, des câbles, des tôles s'assemblent et la coque se transforme en vaisseau. Mais à un moment, l'échafaudage devra être retiré pour que le bateau puisse glisser sur la mer qui l'attend.

# Histoire et liberté

Au début des répétitions, nous pouvons analyser l'intrigue et sa signification. Convenir de l'histoire que nous voulons raconter est un bon point de départ, mais au bout du compte, nous ne pourrons bien raconter notre histoire que quand nous serons prêts à la laisser se dérouler librement. Les conteurs avisés savent que l'histoire aura des significations différentes en fonction des spectateurs et des circonstances. Les conteurs expérimentés sentent ce mystère ; Non seulement ils racontent une histoire, mais l'histoire les raconte aussi. L'histoire crée le conteur, comme quand nous croyons utiliser un mensonge et que le mensonge finit par nous utiliser.

L'acteur avisé apprend à ne pas vouloir contrôler ce que le public voit. La cible doit être découverte et vue, c'est tout. La cible donne l'impulsion de jouer. Ce que l'acteur joue naît de la cible et non de la volonté du personnage. La forme de la scène est vivante et mobile, déterminée par la nature changeante des cibles. Le vent et la mer sculptent le sable ; la plage ne se sculpte pas toute seule.

# La cible et la source

Ce que nous voyons a plus de profondeur que nous le croyons. Quand nous approchons d'un escalier, les muscles de nos pieds et de nos jambes se préparent à monter. Mais si nous voyons un escalator, nous commandons à nos muscles de rester au repos tandis que nous montons le long des affiches publicitaires. Pourtant, le cas de l'escalator en panne est intéressant. Nous pouvons indiquer à nos pieds : « *C'est un escalator, il ne fonctionne pas actuellement comme un escalator, donc nous allons l'utiliser comme un escalier statique ordinaire.* » Mais dès que nous posons le pied sur la marche en métal, nos jambes tressaillent légèrement. Nous savions que l'escalier n'allait pas bouger. Nous sommes parfaitement en phase avec nos pieds, pourtant ils ont fait quelque chose que nous ne leur avions pas demandé.

Nous avons dit plus haut que le bébé naissait avec des attentes envers ses parents et le langage, mais aussi une attente du jeu et de la représentation. Il est pourtant quasiment impensable qu'un bébé naisse avec une attente envers des escalators.

A priori, voilà ce qui se passe. Au fil des années, les yeux ont appris à communiquer directement avec la partie inconsciente du cerveau, par exemple la partie qui contrôle les réflexes acquis. Cette partie du cerveau a appris que ces marches métalliques avec leurs arrête dentelée bougeaient toutes seules et que les pieds devaient se positionner pour ne pas tomber. Pavlov a étudié ces réflexes conditionnés, des réactions spontanées apprises au cours de la vie. Cela peut aider Irina de savoir que les sens peuvent contourner l'esprit conscient. Cet apprentissage inconscient est le moteur du travail invisible. La cible agit sur nous bien plus que nous le pensons.

Nous ne pouvons pas équiper les personnages d'un inconscient, mais Irina peut se nourrir grâce au travail invisible. Elle peut se préparer pour qu'en jeu, les images qu'elle voit ne soient pas simplistes et superficielles, mais riches et ambivalentes. Bien que l'acteur ne puisse jouer que ce qui est conscient, tout jeu n'est pas nécessairement conscient. La cible est la seule impulsion qui actionne ce qui se joue consciemment et inconsciemment.

Voir précisément ce qui se trouve à l'extérieur fera entrer l'acteur plus profondément dans le personnage que réfléchir à ce qui se trouve à l'intérieur.

## Le cadre

Toute œuvre d'art possède un cadre. Le photographe encadre l'image, et le théâtre aussi. Les applaudissements sont une sorte de cadre ; l'espace de la représentation aussi. « *Là, nous jouons et là, nous ne jouons pas.* » Le bébé qui gazouille face au coussin n'est rassuré que quand il comprend que quand le coussin se baisse, le spectacle est fini. Le bébé a besoin d'un cadre. Le monde que nous voyons aussi est limité – par notre champ de vision. Les lapins voient mieux que nous en deux dimensions, mais moins bien en trois dimensions. Personne ne peut tout voir. Nous apprenons à voir à la fois moins et plus que ce qui se passe réellement dans le monde. Mais de nombreuses forces façonnent ce que nous voyons. Par exemple, l'identité n'a pas l'intention de laisser la simple réalité contredire ses théories. Voir le monde, c'est le créer ; nous ne voyons jamais ce qui est vraiment. À chaque fois que nous ouvrons les yeux, nous créons une œuvre d'art. C'est le plus près que nous puissions nous approcher de la vérité.

Une des raisons pour lesquelles les bébés nous attendrissent tant est parce qu'ils nous accordent énormément d'attention. Le bébé nous voit de façon tellement pure qu'il nous donne l'impression d'exister un peu plus. Mais dès que le bébé se demande comment il est perçu, sa curiosité omnivore s'émousse. Plus tard dans la vie, l'adulte devra refaire le chemin inverse. Pour l'acteur, rien n'est plus important que ce trajet en sens inverse.

## Le chemin à rebours

Le long de ce chemin, la patience est essentielle. Cela dit, notre volonté est aussi peu capable de nous conférer la patience que la confiance ou la présence. La patience est donnée par la grâce, et quand elle se présente, nous avons intérêt à lui faire bon accueil. Une des grandes portes que nous lui claquons au nez est celle du jugement de soi. Nous pouvons contrôler notre jugement de nous-mêmes, mais nous ne pouvons pas contrôler les allées et venues de la patience. Quand nous ne trouvons pas tout de suite la réponse, nous nous sentons découragés et en échec. Il est alors plus facile de nous flageller que de faire preuve de patience envers nous-mêmes.

Cependant, la quête infinie de l'acteur sera toujours de refaire le chemin en sens inverse, de « *Comment me voit-on ?* » à « *Que vois-je ?* »

## Les guides

Les compagnons de route de l'acteur sont tous les choix inconfortables

• Concentration ou attention
• Indépendance ou liberté
• Montrer ou voir
• Certitude ou foi
• Créativité ou curiosité
• Originalité ou unicité
• Stimulation ou vie

Par ailleurs, notre vitalité, notre capacité et notre envie de bouger et de respirer sont garanties par la double règle des enjeux :

* *Il y a toujours quelque chose à perdre et quelque chose à gagner.*
* *Ce que nous avons à gagner est de la même taille que ce que nous avons perdre.*

Et la règle du Temps :

*Quand les enjeux augmentent, le Temps raccourcit.*

Les règles de la cible tiennent bon si nous pensons à elles quand nous sommes en sécurité et si nous nous accrochons à elles en cas de danger. La cible est là pour nous. Nous ne sommes pas là pour la cible. La cible possède des attributs indestructibles qui sont plus solides que nos doutes les plus violents. L'isolement n'est qu'une théorie.

* Premièrement : Il y a toujours une cible.
* Deuxièmement : La cible existe toujours à l'extérieur et à une distance mesurable.
* Troisièmement : La cible existe avant qu'on ait besoin d'elle.
* Quatrièmement : La cible est toujours particulière.
* Cinquièmement : La cible se transforme sans cesse.
* Sixièmement : La cible est toujours active.

# Un dernier mot

Irina doit se rappeler qu'elle ne doit surtout pas chercher à bien faire. Le bien n'existe pas, du moins pour l'acteur, et le mal est tout aussi futile. Nous ne sommes pas là pour bien ou mal faire. Nous sommes là pour faire de notre mieux. À chaque individu de définir ce qu'est ce « mieux », après avoir observé l'ambivalence du monde avec le plus de lucidité et le moins de sentimentalisme possible.

L'acteur voit pour nous : ce que nous voulons voir et aussi ce que nous ne voulons pas voir. Notre tout jeune millénaire gronde de colère : la capacité de l'acteur à voir la cible dans toute son ambivalence chaotique n'a jamais été plus précieuse.

Ne rentrez pas à la maison.

Composition :
L'atelier des glyphes